Lh⁴ 146

CAMPAGNE

DE L'ARMÉE

DES GRISONS.

LETTRE
SUR LA
CAMPAGNE
DU G.ᴬᴸ MACDONALD
DANS
LES GRISONS,

Commencée dans le mois de thermidor, an VIII, (août 1800) et terminée par le traité de Lunéville, signé le 20 pluviôse an IX, (9 février, 1801.)

PAR P. PHILIPPE SÉGUR,
Officier d'État-Major.

A PARIS,

Chez TREUTTEL et WÜRTZ, Libraires, quai Voltaire, n°. 2.
Et à STRASBOURG, grand'rue, n°. 15.

AN X. — 1802.

Mon père,

Vous me fîtes promettre, le jour de mon départ pour l'armée, de vous donner à mon retour le précis des principaux évènemens de la campagne qu'on allait commencer. D'autres voyages, de nouvelles occupations, m'ont empêché jusqu'ici de remplir cet engagement. C'est avec timidité, et pour vous prouver que j'ai essayé de vous obéir, que je vous envoie cette lettre.

Dans tous les pays que j'ai parcourus, j'ai entendu citer, par les premiers littérateurs et les militaires les plus distingués, le *Précis des Évènemens militaires* du général DUMAS, et les Rapports du général DESSOLLES, comme les meilleurs modèles à suivre dans ce genre.

Je me suis pénétré de leur lecture; vous trouverez peut-être que je n'en ai pas profité, mais il me restera du moins le mérite de l'intention, et mon âge et ma bonne volonté seront mes titres pour obtenir votre indulgence. Quant à la vérité des faits, je crois pouvoir vous la certifier, car j'ai consulté beaucoup de matériaux, que ma position m'avait mis à portée de rassembler ; et j'ai gravé dans ma mémoire les leçons et les exemples d'un des plus grands maîtres dans l'art de la guerre, sous lequel j'ai eu le bonheur de faire cette campagne.

Nota. La carte d'Albe ayant servi aux généraux français et autrichiens, pour tracer les lignes de démarcation des derniers armistices, c'est elle qui me semble être la meilleure à consulter, pour suivre les opérations de cette campagne.

CAMPAGNE
DE L'ARMÉE
DES GRISONS.

Vous vous rappelez, mon père, que l'hiver de l'an 8 (1800) fut l'époque de la formation de cette *armée de réserve*, dont les marches et les succès, aussi glorieux qu'imprévus, devaient changer en un moment la face des affaires. Dès le mois de floréal le général *Mélas*, dont le talent n'avait pas calculé tout ce que peut le génie à la tête des Français, ayant appris à *Nice* le passage du *Saint-Bernard*, la prise de *Bar*, et celle d'*Yvrée*, fut forcé d'abandonner ses conquêtes et de revenir promptement sur ses pas. Les batailles de la *Chiuzella*, du *Tesin*, de *Montebello*, et enfin la brillante victoire de *Marengo*, firent proposer l'armistice signé le 26 prairial. L'armée française eut pour ligne la *Chiese* et l'*Oglio* jusqu'au *Pô*; *Gênes*, prise dix jours avant, fut rendue à la France; et dans sa position, le général *Mélas* s'estima heureux de n'être pas forcé à de plus grands sacrifices, et de pouvoir conserver, à ce prix, les débris de son armée.

Mais la gloire qui semblait avoir épuisé ses faveurs sur l'*armée* d'*Italie*, en comblait en même tems l'armée de *Moreau*; chacune de ses marches fut marquée par un combat, et chaque combat fut une victoire. Ses heureuses armes éternisèrent les noms de *Moeskirch*, de *Biberach* et de *Memmingen*. Les mânes des Français furent vengées dans les plaines d'*Hochstedt*: *Feldkirch* reçut enfin nos étendards *Neubourg* fut témoin d'une nouvelle victoire: l'occupation de la *Bavière* et de sa capitale punit l'Electeur de son alliance impolitique, mais peut-être forcée ; et l'Autriche étonnée de voir nos drapeaux, effrayée d'entendre le bruit de l'artillerie française, signa la convention du 26 messidor (15 juillet) près d'*Hohenlinden*, lieu qui bientôt lui devait encore être si fatal.

Tels furent les évènemens qui amenèrent les deux *armistices d'Italie* et *d'Allemagne*, et qui ne donnèrent aux peuples fatigués, qu'une tranquillité trompeuse et peu durable.

La maison d'Autriche ne put consentir aux sacrifices qu'on exigeait d'elle, qu'après avoir perdu toute espérance; les immenses ressources que présentent à ses armées ses possessions héréditaires n'étaient pas encore épuisées, elle résolut de tenter encore une fois la fortune.

Le *premier Consul*, qui démêla les véritables sentimens de l'Empereur, douta bientôt de la sincérité de ses intentions pacifiques; et le court intervalle que les conventions avaient mis entre les combats, au lieu d'amener à une paix définitive, ne fut employé des deux côtés qu'au rassemblement de tous les moyens qui pouvaient alimenter la guerre, et lui donner plus d'activité.

Deux armées autrichiennes se reformèrent sur l'*Ynn* et le *Mincio*; les Français reçurent des renforts sur l'*Oglio* et l'*Iser*. Mais la gloire voulut s'ouvrir un nouveau chemin, et du sommet des plus hautes *Alpes* montrer à tous les peuples les étendards qu'elle favorisait.

A peine la première *armée de réserve* était-elle sortie de France, que *Dijon* avait vu se rassembler sous ses murs une seconde armée. Le général *Brune* la commandait; la presque certitude d'une prochaine pacification, rallentit sa formation; elle fut accélérée, quand la paix devint douteuse, et dès le mois de thermidor an 8, (fin d'août 1800) son avant-garde entra en Suisse.

Le général *Brune* passa alors en Italie; le 6 fructidor (24 août) il fut remplacé par le général *Macdonald*, dans le commandement de la seconde armée de réserve; elle atteignit, sous ses ordres, les frontières du *pays des Grisons*, dont un arrêté des Consuls lui donna bientôt le nom.

La victoire de *Marengo*, et celles qui la précédèrent, avaient cruellement détrompé les généraux autrichiens, qui n'avaient pas cru à la première armée de réserve. Cette première erreur les conduisit à une seconde. Une fois punis pour avoir été trop incrédules, ils se laissèrent ensuite persuader trop facilement. Un traité conclu le 17 fructidor (4 septembre) avec l'Helvétie, par lequel son gouvernement, s'engageait à nourrir l'avant-garde de la seconde *armée de réserve*, que le général *Dumas* lui dit être forte de 8,000 hommes d'infanterie, et de 1,500 chevaux, persuada aux généraux ennemis qu'une division d'avant-garde de 10,000 hommes devait être suivie d'une armée. La multiplicité des généraux qu'ils savaient y être employés, contribua aussi à leur donner le change; ils ne surent pas que ce nombre de 10,000 formait près des deux tiers de tout ce grand rassemblement dont on pouvait à peine employer activement 15,000 hommes effectifs, et qu'enfin il n'existait pour ainsi dire qu'un cadre d'armée.

Les rapports des espions des généraux *Brune*, *Macdonald* et *Moreau*, s'accordaient à dire qu'il y avait 25,000 Autrichiens dans le *Tyrol*; ils nommaient les généraux *Auffenberg*, *Keim*, *Hiller*, *Laudon*, *Stejanich*, *Dawidowich*, et *Wukasowich*.

Ainsi, dans des postes qu'on jugeait inexpugnables, il fallait donc contenir et forcer 25,000 Autrichiens avec 12 à 13,000 Français; le succès paraissait invraisemblable, mais le général *Macdonald* les commandait.

Le but d'une *armée des Grisons* devait être d'occuper et de contenir une armée autrichienne dans le *Tyrol*, de favoriser par-là les deux grandes *armées* d'*Allemagne* et *d'Italie*, de garantir l'aîle droite de l'une, et l'aîle gauche de l'autre, et enfin d'opérer une diversion puissante en leur faveur.

Le premier moyen qui s'offrait à l'esprit pour remplir ce but, consistait à lier les opérations de l'*armée des Grisons* immédiatement à celles de l'*armée du Rhin*, la première couvrant dans sa marche les débouchés du *Tyrol* sur l'Allemagne, en se dirigeant sur *Inspruck* et *Botzen*.

Dès le cinq complémentaire (21 septembre), une division occupa la vallée des Grisons et le Vorarlberg. Sa première ligne commençant à *Zumkloster*, passa par *Davos*, *Glaris*, *Lentz*, *Ober-Vaz*, et appuya sa droite à *Spluguen*; la seconde tenait *Coire* et *Meyenfeld*.

Une autre division occupait *Feldkirch* et les vallées environnantes. Le reste de l'armée s'avançait; partie les 17 et 18 de Dijon, sa marche avait été si rapide, que le 5 vendémiaire elle se trouva en ligne. On se préparait à attaquer l'ennemi, quand la convention d'*Hohenlinden* du 3 complémentaire, qui nous donna *Ulm*, *Ingolstadt*, *Philisbourg*, arrêta les hostilités prêtes à recommencer. Nos troupes rentrèrent dans la ligne de démarcation tracée le 26 messidor, le manque de subsistances força de les répandre dans les *petits Cantons*.

Il aurait été à souhaiter pour l'*armée des Grisons* que les hostilités eussent continué : le premier plan suivi aurait évité bien des travaux ; tant de braves n'auraient pas perdu la vie. Si l'on n'eût pas eu tant de mérite à vaincre les difficultés que présenta la nature, on aurait regagné sur les ennemis ce qu'on aurait perdu dans ce nouveau genre de gloire.

Mais, dans le courant de vendémiaire, la *Toscane* s'étant soulevée, le général *Brune* fut contraint d'y envoyer l'aîle droite de son armée ; et cette diversion, fomentée par les Autrichiens, fit changer le premier plan dont nous venons de parler.

Il fut alors décidé que le général *Lecourbe*, lieutenant-général, commandant la droite de l'*armée du Rhin*, ferait observer par une partie de ses troupes, les débouchés *du Tyrol* sur l'Allemagne, défendrait la vallée de *l'Yll*, attaquerait *Inspruck*, et que l'*armée d'Italie*, se retirant de la Valteline et du val *Camonica*, y serait remplacée par l'*armée des Grisons*; que le général *Macdonald* ne laisserait, sur toute cette ligne, qu'une force suffisante pour contenir et attirer l'ennemi, derrière la chaîne où se trouvent les trois passages, seuls praticables en hiver, le *Martinsbruck*, *Sainte-Marie* et le *Mont-Tonal*. Il devait ensuite descendre les eaux de l'*Oglio*, avec ce qui lui restait de forces, et recevoir des renforts considérables de l'armée d'*Italie*, avec laquelle il tâcherait de tourner la ligne du *Mincio* par *Riva* et *Trente*. Par cette opération il obligeait le comte de *Bellegarde* à la quitter, et forçait les colonnes ennemies, qui défendaient les trois entrées du *Tyrol*, de se retirer promptement par *Botzen*, ou *Trente*.

On voit que l'*armée* d'*Italie*, affaiblie par les détachemens qu'elle avait faits sur sa droite, et par ceux qu'elle devait faire sur

sur sa gauche, serait forcée de s'en tenir à la défensive, et qu'au contraire l'*armée des Grisons*, attirant l'ennemi sur sa gauche et son centre par de fausses attaques, sur le succès desquelles on ne pouvait pas raisonnablement compter, agirait offensivement par sa droite, en tournant des positions qu'il paraissait impossible d'attaquer de front.

Nous allons voir, dans le détail des opérations, ce qui empêcha l'entière exécution de ce plan, et livra, pour la seconde fois dans cette campagne, le sort de l'Italie, au succès douteux d'une bataille, livrée sur une des plus fortes lignes qui existe.

En conséquence des ordres reçus, la division commandée par le général *Baraguay-d'Hilliers*, entra dans le mois de brumaire en Valteline. La brigade de droite aux ordres du général *Guillaume*, passa par *Coire* et *Tusis*; franchit le *Splugen* encore praticable, et s'étendit dans la Valteline. La brigade de gauche resta à *Coire*, dans la même position prise le 5 complémentaire, afin de cacher ce mouvement, qu'elle devait bientôt suivre.

Les divisions qui cantonnaient, pendant l'armistice, sur la rive gauche du lac de *Constance*, marchèrent par leur flanc droit, et occupèrent toute la vallée du Rhin de *Rheineck* à *Coire*. Elles remplacèrent, dans cette ville, le général *Devrigny*, qui suivit le général *Baraguay-d'Hilliers*, passa le *Splugen*, et se porta sur *Sumada*, par la *Brégaglia*. Les avant-postes autrichiens tenaient la tête du val *Sabbia*, le *Tonal* et les vallées aboutissantes. Un quartier-général était à *Pelizana*. Ils occupaient également la haute et basse *Engadine*, et la tête des eaux de l'*Adige*. Quant aux lignes des armées impériales, opposées aux généraux *Brune* et *Moreau*, les armistices du 15 juillet, de *Marengo* et d'*Hohenlinden*, rapportés à la fin de ce précis, les donneront dans tous leurs détails.

Dès le 20 brumaire (10 novembre), un bataillon fut placé à *Silva-plana*, pour couvrir nos communications par le *Maloïa*, le *mont Septimer*, et pour correspondre avec *Marmoréo* et *Couters*, par le *Julierberg*. Un poste poussé jusqu'à *Samada*, nous assurait le passage du *Bernina*, par lequel les avant-postes de la brigade Devrigny se liaient avec la division Baraguay, maîtresse du val *Puschiaro*; les hostilités devaient recommencer le 1er. frimaire, et les avant-postes du général *Baraguay-d'Hilliers* se trouvaient ainsi en présence des ennemis, qui occupaient la haute *Engadine*, jusqu'à *Sumada*. Depuis sa source jusqu'à son embouchure, l'*Inn* allait être témoin de nos succès.

A cette époque, la droite de l'*armée du Rhin* occupait le val de *l'Yll* et *Feldkirch*; la seconde ligne de *l'armée des Grisons*, partant de *Splugen*, descendait par *Tusis* et *Coire*, et s'arrêtait à *Feldkirch*, tenant les vallées de la *Lanquart*, *Davos*, *Schalfick*, de *l'Albula*, et leurs branches : le point de *Davos* était important en ce que, l'armée devant agir par sa droite, il contribuait beaucoup à couvrir ses mouvemens.

La première ligne ou la division Baraguay s'étendait dans le pays compris entre *Sumada*, *Morbegno* et le *mont Tonal*; sa gauche était dans la haute *Engadine*, son centre à *Trano*, *Bormio*, et *Sondrio*. Communiquant avec la gauche par le val *Puschiavo* et le mont *Bernina*, sa droite occupait le *val d'Apriga*, prête à remplacer l'*armée d'Italie* au mont *Tonal*, et sa réserve à *Morbegno*.

Le général Baraguay resta intact dans

cette position, jusqu'au 18 *frimaire* (9 décembre); ses forces n'étaient pas suffisantes pour pousser plus loin ce simulacre d'offensive, et comme il le disait lui-même : « Quand on m'aura appuyé dans la Val-
» teline, j'aspirerai à devenir méchant,
» après avoir fait le fanfaron. »

Cependant, malgré sa faiblesse, il n'avait pas à craindre les tentatives de l'ennemi dans cette position. *L'armée d'Italie* était à la hauteur du val *Sabbia*; l'*armée du Rhin* menaçait *Inspruck*; les troupes autrichiennes du *Tyrol*, en gardant exactement les trois points d'attaque, et observant avec défiance les mouvemens qui se faisaient à leur droite et à leur gauche, étaient forcés de s'en tenir à la défensive.

Mais les vallées qu'occupait le général *Baraguay*, n'offraient par elles-mêmes aucune espèce de ressources. On était obligé de faire transporter à dos de mulets, ou sur des traîneaux, les vivres nécessaires à tout ce corps d'armée ; les neiges tombaient avec abondance, ses communications étaient à tout moment interceptées, et l'on pouvait mourir de faim avant qu'elles fussent r'ouvertes.

Telle était la position dans laquelle se trouvait cette division, et que toute l'armée allait partager.

Passage du Splugen.

Déja l'hiver s'approchait et descendait du sommet des montagnes dans les plus profondes vallées. La première heure du premier jour de frimaire (22 novembre) sonna, elle fut le signal de la reprise des hostilités.

Le général *Macdonald* avait rassemblé toutes ses forces dans *le pays des Grisons* avec une promptitude presque invraisemblable. Près de 2,000 hommes venaient de traverser en poste toute la Suisse, et s'étaient dirigés sur *Feldkirch* et *Coire*. Mais l'armée, ainsi réunie, se trouvait engagée dans un pays si pauvre, qu'il peut à peine nourrir ses habitans ; là, plus que par-tout ailleurs, il fallait des magasins, et jamais tant d'obstacles ne s'opposèrent à leur formation.

L'Helvétie, par une convention due au général *Dumas*, s'était engagée à fournir les vivres nécessaires à 9,500 hommes jusqu'à leur arrivée en Valteline. Non seulement elle remplissait cet engagement avec des lenteurs inquiétantes, mais nos forces excédaient ce nombre de plus d'un tiers. Les Suisses consentirent à ce que le reste de l'armée fût compris dans cette convention, et les subsistances n'arrivèrent pour cela ni en plus grand nombre, ni plus vîte.

Le général en Chef, secondé par l'esprit

inépuisable en ressources du général **Du-mas**, employa tous les moyens imaginables pour prévenir la disette qui commençait à se faire sentir. Des grains, des vivres de toute espèce, furent achetés et payés comptant dans tous les villages environnans. *Lindau*, à sa demande, versa quelques milliers de rations de biscuit et d'avoine dans les magasins formés à *Coire*, ville où devaient passer les deux tiers de l'armée ; les magasins des subsistances, que fournissait le gouvernement helvétique, furent placés derrière la ligne du *Rhin*, et dans les Grisons, et on donna des ordres pour qu'une distribution de quatre jours fût prête d'avance, et pût être délivrée, en trente-six heures, aux différentes divisions.

Coire, *Ragatz*, *Sargans*, *Alstettin*, *Reyneck* et *Feldkirch*, renfermaient pour quinze jours de vivres, dont la moitié était destinée à la consommation de l'armée, pendant son rassemblement, et l'autre, pendant ses premières marches : enfin le Général en Chef parvint à assurer les subsistances, jusqu'au moment où les troupes auraient effectué leur passage en Valteline ; une fois dans ce pays, le général comptait sur l'*armée d'Italie*, pour l'envoi des munitions de toute espèce, que le lac de *Côme* et celui de *Disco* devaient lui porter : les mêmes lieux où furent placés les vivres reçurent des munitions de guerre.

Quant aux hôpitaux, dépôts d'armes, matériel d'ambulance, d'artillerie, etc., ils restèrent en Suisse, ainsi que les escadrons du 19e. de dragons, 5e., 11e. et 18e. de cavalerie. S'étant débarrassé de ce qui pouvait entraver la marche de l'armée, le général en chef usa de toutes ses ressources pour la faire parvenir en Valteline ; afin d'y réussir, il loua toutes les bêtes de somme du pays, fit construire un nombre suffisant de caisses, pour contenir quatre cent mille cartouches; la quantité de mulets nécessaires ne se trouvant pas, chaque soldat, en partant de *Coire*, fut obligé d'y prendre pour quatre jours de vivres et soixante cartouches, indépendamment de la giberne, qui devait être garnie; les cavaliers y reçurent des gibernes d'approvisionnement, pour les déposer à *Chiavenna*; on leur accorda une prime, ainsi qu'à ceux qui se chargèrent de gargousses. La cavalerie eut ordre de faire ferrer à glace tous ses chevaux; les armes défectueuses furent échangées.

Plusieurs compagnies de sapeurs, réunies à un grand nombre d'habitans du pays, travaillèrent sans relâche à frayer les sentiers de la vallée du *Haut Rhin* et du *Splugen* (1); des traîneaux attelés de

───────────────────────

(1) Le sommet de cette montagne est élevé

bœufs et de mulets furent préparés à *Tusis*, dernier point où l'artillerie pût atteindre sans être démontée ; il fallait au moins douze traîneaux pour un canon, son affût, ses roues, son caisson vide, ses ustensiles, etc. ; huit bouches à feu et trente-quatre caissons, charriots de munitions et forges, devaient être démontés et chargés dans les traîneaux, ou sur des mulets, pour être remontés en Valteline ; vous jugez du nombre qu'il en fallut, et du tems qu'exigèrent tous ces préparatifs.

Les avant-postes de l'*armée du Rhin*, dans le val de *Montafo*, ceux de l'*armée des Grisons*, dans les vallées de la *Lanquart* de *l'Albula* et leurs branches, couvraient ces préparatifs et le mouvement qui commençait à s'effectuer. Il était instant de le dé-

---

d'à-peu-près mille toises au dessus du lac de *Chiavenna*.

rober aux yeux de l'ennemi; il pouvait attaquer vivement la gauche de la ligne, et empêcher ou retarder le passage dans la Valteline, en menaçant les Grisons et leur capitale.

La marche sur *Coire* des divisions qui occupaient *Feldkirch* et les bords du lac de *Constance*, pouvait aussi venir à sa connaissance, et lui montrer la destination de l'armée; l'épais rideau répandu sur la ligne des Alpes Rhétiennes, ne rassurant pas le général en chef sur l'ignorance dans laquelle il voulait tenir l'ennemi, pour lui donner le change, il porta son quartier général à *St.-Gall*, *Feldkirch* et *Reineck*, ayant soin de le faire savoir aux Autrichiens, qui dûrent en conclure que les plus grands efforts se tenteraient de ce côté.

Mais, en se disposant à prendre l'offensive, il avait songé aux moyens d'assurer sa retraite, dans le cas où des forces supérieures l'auraient contraint de céder. Le *Rhin* fut sondé depuis sa source jusqu'au lac de *Constance* : et, pour assurer les communications de l'Helvétie avec le *Tyrol* et l'Allemagne, il fit construire un pont de batteaux, avec des ouvrages, dans l'anse de *Geisseau*, entre *Reineck* et *Ste.-Marguerite*. Un pont volant fut placé à *St.-Fridollin*, un troisième en charpente à *Zollbruck*, vis-à-vis du val de la *Lanquart*, et un quatrième et cinquième à *Reichenau*, sur les deux bras du Rhin.

L'âpreté de la saison rendait indispensable la distribution des capottes promises depuis longtems, et vainement attendue par le général en chef. Il se décida à faire acheter en Suisse le drap nécessaire, mais elles n'étaient pas encore confectionnées, et l'armée ne devait les recevoir qu'en Valteline.

Malgré la rigueur excessive du climat,

nos troupes défilaient dans la vallée des Grisons, et s'approchaient des immenses et éternels glaciers qui la terminent. Le général *Verrières*, précédé par des compagnies de sapeurs, et commandant l'artillerie d'avant-garde, ouvrit la marche de cette colonne, moins redoutable par le nombre que par le courage inflexible des soldats qui la composèrent et du général qui les guida.

Le 4 frimaire (24 novembre), les premières pièces parvinrent à *Tusis*, mais les traîneaux qu'on avait amenés se trouvèrent trop lourds, et les neiges trop molles pour les porter; il fallut les remplacer par des traîneaux du pays, à la vérité plus faciles à mouvoir, mais qui par cela même ne laissaient qu'une légère trace de leur passage, effacée l'instant d'après, par la neige qui tombait continuellement du ciel ou des rochers. La reprise des hostilités, le secret de ce mouvement et la pénurie des vivres, demandaient une prompte exécution; le général Laboissière, à la tête d'une partie du 10e. de dragons, du 1er. de hussards, et laissant le 12e. de chasseurs à quelques jours derrière lui, suivit, à une marche près, le général *Verrières*. Il traversa *Coire*, remonta le *Rhin*, et arriva le 5 frimaire (26 novembre), à travers des rochers et des précipices, au pied du *Splugen*, où il trouva une partie de l'artillerie, que le mauvais tems et le manque de traîneaux y avaient retenue.

Le 6 frimaire (27 novembre) cette tête de colonne gravit la montagne; elle avançait péniblement, et n'avait, après bien des peines, gagné que la moitié du penchant, quand tout-à-coup une lavange se détache de ces crêtes élevées; elle roule avec fracas; trente dragons sont emportés par ce choc épouvantable; on s'arrête; les traces sont comblées; les dragons du 10e. cherchent leurs infortunés compagnons ; la nuit vient ajouter son obscurité à toutes ces horreurs, et pour ne pas être engloutie dans cette mer de neige, la colonne est forcée de rétrograder. Le général *Laboissière* avait atteint le sommet avec quelques hommes, transi de froid, accablé de fatigues ; porté par deux paysans, il arrive enfin à l'hospice. Tel fut le résultat de cette première tentative. Qu'on se représente maintenant la position de ce général environné de précipices, et séparé du monde entier, sans vivres, sans espérances.

Malgré les efforts les plus grands, il resta quatre jours sans pouvoir être dégagé ; enfin le général *Dumas* arriva à *Splugen* ; son étonnante activité surmonta tous les obstacles. Quarante paysans ouvrirent le chemin ; des bœufs foulèrent les neiges, et le 10 frim°. (1er. décembre) et les jours suivans, la colonne entreprit

entreprit sous ses ordres, et effectua le passage, suivie d'un convoi d'artillerie et d'une partie de la division Pully. L'intelligence et le courage de l'adjudant commandant *Stabeinrath* facilitèrent ce succès.

L'intrépidité remplaça chez le général de brigade d'artillerie *Verrières*, la force que l'âge lui avait ôtée; tous les officiers de cette armée, la plus exposée dans ce périlleux moment, se distinguèrent et firent passer dans l'esprit de leurs inférieurs le courage qui les animait.

Le 10°. de dragons, si maltraité le 6 frimaire (27 novembre), demanda et obtint l'honneur de former l'avant-garde, les dragons disant *qu'ils voulaient prendre leur revanche.* Suivant l'exemple de leur chef de brigade *Cavagnac*, et l'ayant à leur tête, ils ne pouvaient qu'être dignes de ce poste, quelque obstacle qu'il y eût à vaincre.

Soixante traîneaux et cent mulets, transportant l'artillerie et des munitions, passèrent en même tems. Quelques-uns périrent, des traîneaux se brisèrent, une pièce de quatre et vingt-une roues allaient être abandonnées : les soldats de la 73e., animés de l'esprit de leur commandant (le chef de brigade *Couthard*), se disputèrent cette glorieuse charge ; la 12e. de ligne suivit en tout les traces de la 73e. 45 hommes gelés restèrent à l'hospice.

Mais tous ces obstacles que la nature avait opposés au courage de ces braves, n'étaient qu'une faible partie de ceux que devaient éprouver le général en chef et les troupes qui l'accompagnaient ; à peine cette tête de colonne était-elle passée, qu'un vent furieux combla tous les sentiers et la sépara du reste de l'armée. Le général *Macdonald* s'avançait alors dans la vallée du *Haut-Rhin*.

Jusqu'à *Bonadutz* le chemin n'offrit rien d'impraticable ; il devint plus difficile dans le trajet de ce village à *Tusis* ; on s'était élevé avec peine jusqu'à ce bourg, et le général se trouvait au pied d'une seconde montagne ; après avoir gravi pendant deux heures avec des travaux infinis, il arriva sur les bords d'un précipice dont l'œil ne pouvait distinguer la profondeur. On voyait à peine la tête des énormes sapins qui, sans doute, prenaient racine au fond de cet abîme. Un mugissement sourd et continuel en sortait : c'était le *Rhin* qui précipitait ses flots pressés par les rochers qui resserraient son lit. Une descente rapide rapproche du fleuve le général, et bientôt s'élevant de nouveau, le précipice se referme sous ses pas.

La vallée se resserrait de plus en plus ; il entre alors dans la *Via-Mala*. Deux énormes rochers, qu'une main puissante semble avoir entr'ouverts, forment cette gorge ; sa largeur peut être de vingt toises. Un chemin étroit, taillé dans le roc, comblé par la neige et détruit par les torrens, borde le gouffre pendant trois lieues ; il en sort un brouillard épais produit par le choc des flots contre les rochers.

A chaque pas on était arrêté par la chûte des pins qui couronnent les cîmes, par les quartiers qui s'en détachaient, par les accidens continuels qui arrivaient aux hommes et aux chevaux sur un chemin de glace, ou, ce qui est plus triste, par nos malheureux soldats qu'on rapportait gelés du *Splugen*.

Déja le général avait laissé *Tusis* à trois lieues derrière lui ; il descend à *Anders* et se trouve au niveau du *Rhin*. La gorge est plus ouverte, mais *Splugen* est encore éloigné de trois lieues. Après avoir pris quelques heures de repos, le général poursuivait sa marche; une troisième montagne se présente avec plus d'horreurs que la dernière. Quelquefois le rocher s'avance en voûte sur sa tête, l'eau qui en découle se durcit avant de tomber et forme de longs cristaux qui éblouissent et le menacent de leur chûte. Une troisième fois il parvient au sommet et atteint le village de *Splugen*, étonné de trouver des hommes et des habitations au milieu de cette image du cahos.

Le général lève les yeux; une masse énorme de neige est devant lui; ses regards cherchent en vain à en mesurer l'étendue, il faut que le lendemain il en ait atteint et dépassé la cîme. Il s'étonne, mais ce chemin est le seul qui le conduise droit au but qu'il s'est proposé, et dès-lors l'impossibilité disparaît.

La nature semblait avoir rassemblé dans un seul point tout ce qu'elle a de plus effrayant, pour lui présenter à la fois toutes ses horreurs; elle déchaînait tous les élémens contre lui.

Dès la pointe du jour une tourmente affreuse ébranle les neiges attachées aux sommités des rochers, et en comble les précipices dont la surface égale désormais le sentier; la neige tombe du ciel à gros flocons; un vent impétueux arrache les arbres et les précipite.

Les habitans de la montagne, qu'on avait rassemblés pour ouvrir le chemin, déclarent au général que le passage est fermé, et que, s'il se hasarde, il périra lui et son armée; mais, malgré tous les moyens qu'on avait rassemblés, il n'avait pas été possible de faire parvenir à *Splugen* une assez grande quantité de vivres, pour que la colonne y pût séjourner. On n'en pouvait trouver qu'à *Coire* et à *Chiavenna*; ainsi, de quelque côté que le général tournât ses regards, la tempête ou la faim lui présentaient la mort. Elle était trop probable, si l'on avançait; certaine, si l'on demeurait : il fallait ou l'aller chercher, effrayante au milieu des précipices, ou l'attendre lente et cruelle au pied de la montagne. Sa résolution fut bientôt prise; déja ses troupes sont en mouvement; les mulets manquant pour le transport des munitions, il propose une prime à ceux qui voudront s'en charger : tous se présentèrent pour rendre ce service, et tous en refusèrent la récompense.

Chaque soldat, chargé d'une centaine de cartouches, monte gaîment à l'assaut. Une compagnie de sapeurs les précède, mais les paysans ont fui, craignant de partager le sort qui menaçait la colonne, et la nature semble s'irriter de son audace et redoubler ses efforts ; la colonne s'arrête : un homme annonce d'un air effrayé, que les jallons qui marquaient les sentiers ont disparu, que ceux qui ont voulu se risquer sont engloutis, et qu'il est hors de la puissance humaine d'aller plus loin : le général en chef lui impose silence, et suivi des généraux *Pully*, *Sorbier*, *Duperreux*, *Dampierre* et de son état-major, il se porte à la tête au risque d'être englouti, en débordant le sentier où l'on ne pouvait marcher qu'un à un, prie, menace, encourage, et s'avance, le premier, sans guide, à travers un tourbillon de neige, sondant la neige à chaque pas, et ne sachant s'il pose le pied sur le sentier ou sur le gouffre.

Il avançait péniblement, quand des sons plaintifs frappèrent son oreille. La femme d'un soldat engourdie par le froid, mourante, abandonnée, disparaissait peu à peu, et allait se perdre dans l'abîme. Chacun occupé de ses propres dangers, était loin de songer à la secourir. Le général s'arrêta ; un faible battement du cœur de cette malheureuse femme, annonça qu'il restait encore quelque espérance de la sauver ; il la fit emporter par deux grenadiers, et les soins qu'il lui donna, la rendirent à la vie. Le général en chef était peut-être le seul, dans lequel l'excès des souffrances n'avait pas éteint, à cet affreux moment, tous les sentimens de la nature.

Cependant, plus l'on avançait, plus la tempête redoublait de forces, et sur ce sommet, l'un des plus élevés de la terre, le vent n'étant plus arrêté par aucun obstacle, le froid devenait plus vif à chaque moment. Le soldat tombait gelé, et son compagnon, qui voulait le secourir, avait lui - même perdu l'usage de ses mains.

Souvent une planche étroite, peut-être trop faible, mise en travers sur le gouffre, était la seule ressource à laquelle un reste d'espérance s'attachait, et sur cette planche devait passer toute l'armée !

Le vent fouettait dans le visage la neige qui tombait du ciel avec fureur, et celle qu'il enlevait aux pointes des rochers. Le soldat ne pouvait voir celui qui le précédait, ni suivre ses traces, que la tourmente recouvrait à chaque instant ; il était encore plus dangereux de reculer que d'avancer ; mais un seul homme découragé pouvait arrêter la colonne, et dans cet instant critique, les travailleurs épuisés refusèrent d'aller plus loin.

Le général en chef saisit leurs outils, il s'ouvre et se fraie lui-même un passage ; les généraux, les officiers qui l'entourent suivent son exemple. Déja après avoir atteint l'hospice, il a traversé la plaine où il est situé, déja même on gagne le revers, et l'on descend la rampe étroite et rapide du *Cardinel*, qui tourne treize fois sur elle-même. Le courage et la persévérance l'emportent sur la nature. Cette colonne atteint enfin *Campo-Dolcino*; elle a vaincu tous les élémens, et le souvenir de cette journée sera désormais immortel.

Pendant ce mémorable passage, qui coûta une centaine d'hommes et quelques chevaux, la division de cavalerie n'ayant laissé aux autres divisions que des détachemens indispensables, descendit le lac de *Côme*, et se cantonna sur sa rive gauche, l'artillerie se remonta à *Chiavenna*.

La division *Rey* suivit les glorieuses traces du général en chef; mais le général *Vandamme* trouva le passage refermé par un nouvel orage; sans s'arrêter, il combattit les élémens comme il combattait l'ennemi, avec le même courage et le même succès; il fut puissamment secondé par l'intelligente activité de l'adjudant-commandant *Lacroix*, officier supérieur, connu par les nombreuses preuves qu'il avait déja données de ses talens militaires.

Le général *Morlot* resta en seconde ligne à *Coire*, dans la même position que nous avons déja décrite : sa ligne était un peu plus resserrée après l'occupation de *Vadutz*, par la brigade de droite de *l'armée du Rhin* aux ordres de l'adjudant-commandant *Martial Thomas*. Le reste de l'armée se trouva cantonné dans la Valteline, et reprit haleine, attendant les vivres qui commençaient à manquer. L'Italie en envoyait quelques rations par le lac de *Côme*; on en transportait à dos de mulets par le *Splugen*; elles arrivaient lentement et les soldats après tant de fatigues, étaient réduits à une demi-ration de biscuit.

L'armée des Grisons formait ainsi le siège de cette masse de montagnes, de cette formidable forteresse de l'Autriche, dont le *Splugen* ne peut être considéré que comme un ouvrage avancé. Le général *Macdonald* avait à peine commencé la carrière périlleuse qu'il venait lui-même de s'ouvrir, et *la Via-Mala*, dont le nom finissait à *Splugen*, ne devait en effet se terminer pour nous qu'à soixante lieues de là.

L'ennemi, mal informé, ne prêtait d'autre projet au général *Macdonald*, que celui d'attaquer de front sa ligne impénétrable. Dans un pays aussi difficile, et derrière cet immense rideau, les Autrichiens ne pouvaient compter nos forces ; les trois passages du *Tonal*, du *Martinsbrück*, de *Ste.-Marie*, et le versant des eaux de l'*Adige*, étant très-importans à conserver, tant que M. *de Bellegarde* occuperait la ligne du *Mincio*, on ne pouvait y veiller avec trop de soin ; et dans l'incertitude de la force numérique d'une *armée des Grisons*, la prudence exigeait qu'on entretînt sur ces frontières un corps d'armée imposant ; aussi donna-t-on dix mille hommes aux généraux *Keim* et *Stéjanich*, pour défendre seulement le *Tonal* et les vallées aboutissantes. Un parc d'artillerie fut placé dans le val de *Munster*, près *Ste.-Marie*; ce passage, encombré par la neige, était impénétrable sans d'immenses travaux ; mais le général *Dessolles* y avait laissé des souvenirs (1) trop marquans de la valeur et de l'habileté françaises, pour que les Impériaux s'en reposassent sur la nature du soin de leur défense: des retranchemens garnis d'artillerie, et trois mille hommes, l'occupèrent, et six mille neuf cents hommes aux ordres du général *Auffenberg*, la haute et basse *Engadine*.

Du côté des Français, une force beau-

---

(1) Par la victoire du 5 germinal, an VII, rappelée à la fin de cette lettre.

coup moindre, mais que l'audace, la renommée, le nombre des généraux, et l'étendue du pays qu'elle allait occuper devait grossir d'un tiers aux yeux des ennemis, suffisait pour maintenir ces corps nombreux derrière la ligne de défense qu'ils avaient prise.

Pendant ces grands mouvemens, la division de gauche méritait la confiance que le général *Macdonald* avait en elle et dans son chef. Vous vous rappelez, qu'au moment où l'état-major-général passait le *Splugen*, elle occupait les sommets du *Gario*, du *Maloya* et du *Braglio*, tenant la tête de la vallée de l'*Ynn*, celle de l'*Adda*, de la *Brégaglia*, et les vaux *Fourba*, *Pedenos* et *Puschiavo*. Ce dernier poste était très-important ; il nous ouvrait l'*Engadine*, assurait nos communications entre les vallées de l'*Adda* et de l'*Ynn*, et était le centre de toutes les communications indirectes des vallées de *Munster*, *Fraële*, *Livino*, avec celles de *Suaza*, *Malengo* et *Fontana*, qui descendent sur *Ponté* et *Soudrio*. Bormio était exactement gardé par ses troupes, ainsi que les vallées qui y aboutissent. Deux chemins en partaient, qui se divisant en plusieurs branches, se rendaient dans le *Munster-Thal* et sur *Ste.-Marie*, par les *Bains de Bormio* et *San-Giacomo*, mais ils furent reconnus impraticables.

Dans la nuit du 17 au 18 frimaire, (du 8 au 9 décembre), l'avant-poste de *Zuts* fut tourné; les Autrichiens surprirent les hussards à pied qui le défendaient; ceux qui résistèrent furent tués, et le reste fait prisonnier.

Le quartier général de la division était à *Tirano*; de *Pontrézina* à *Puschiavo*, il n'y a que huit heures de marche; mais les ouragans comblaient à chaque instant, et faisaient disparaître le chemin; le général

néral *Baraguay-d'Hilliers* ne fut averti de cette nouvelle que le 20 ; aussitôt la 45ᵉ. demi-brigade, avec deux pièces de canon, traversa le val *Puschiavo*, surmonta l'affreux *mont Bernina*, et les Autrichiens furent repliés le 21 (12 décembre) sur *Pont-Alto* ; *Sumada* étant repris, le poste qui y fut placé se trouva soutenu par ceux établis à *St.-Morizio* et *Pontresina*.

Deux fautes, la négligence avec laquelle ces hussards se gardèrent, et la lenteur que les troupes de la division *Morlot* mirent à s'emparer de la vallée de *Davos*, par laquelle les ennemis tournèrent ce point, furent les causes de cet échec.

Au reste l'ennemi ne pouvait guère profiter du succès qu'il venait d'obtenir ; s'il voulait conserver *Zutz*, il pouvait être attaqué de front et de flanc par la *Brégaglia*, *Puschiavo*, l'*Albula* et le *Scaletta*.

D

Si son dessein eût été de pénétrer dans la *Brégaglia*, un petit nombre de soldats aurait pu lui disputer longtems l'étroit et long passage qui y conduit, où deux hommes peuvent à peine marcher de front, et aurait donné le tems aux Français, maîtres du *Septimer*, du *Bernina*, du *Julierberg* et de l'*Albula*, de forcer un de ces quatre débouchés sur l'Ynn, et de couper la retraite à cette colonne engagée trop témérairement.

Que leur a donc vallu ce léger succès ? deux cents prisonniers; ils les ont achetés du double des leurs, gelés dans le trajet immense qu'il leur a fallu faire pour tourner *Zutz* par le val *Davos*, et ils n'ont pas gardé un pouce de terrain en compensation de cette perte.

Il était donc encore plus difficile aux Autrichiens qu'à nous, de prendre l'offensive. De notre côté, pour arriver au *pont*

St.-Martin : il fallait forcer plusieurs positions, et d'abord celle de *Zernest*, défendue par deux mille sept cents hommes, et trois pièces de canon. Ce poste communiquait avec *Ste.-Marie* par le *mont-Offen*, et n'en était éloigné que de huit heures de marche. On ne pouvait insulter cette communication par le val *Livino*, qui n'est praticable que deux mois de l'année ; les ennemis furent repoussés du village de *Chenousky* jusqu'à *Brail*, le 25 frimaire ; le 27 la division *Vandamme* arrivant à *Tirano* et *Édelo*, permit au général *Baraguay-d'Hilliers* d'envoyer de nouvelles forces au soutien de sa gauche.

En même tems, trois bataillons de la division *Morlot*, le 1er. des Basques de la 1re. légère et de la 87e. descendirent dans l'*Engadine*, sur *Pont* et *Sumada*, par le *Jullierberg*, dont la gorge est ouverte, et le passage commode même pour l'artillerie, et l'*Albula*, dont on atteint le revers en six heures de marche. Avant leur arrivée le 27 frimaire (18 nov.) le général de brigade *Devrigny* avait repoussé l'ennemi jusqu'à *Zernest*, et ne s'était arrêté que sous les redoutes qu'il y avait construites.

A la nouvelle de l'attaque de *Zutz*, le 20 frimaire (11 nov.), le général en chef avait ordonné au général *Rey*, qui se trouvait alors à *Chiavenna*, de porter ses troupes dans la *Brégaglia*, pour y soutenir la brigade *Devrigny*; ce mouvement devenant inutile par la reprise de *Sumada*, la réserve d'infanterie suivit la marche de l'armée qu'arrêtait le manque absolu de vivres et de moyens de transport pour les munitions de toutes espèces.

Les farines envoyées par le lac de *Côme* étaient presque toutes consommées; le peu de biscuit qui restait ne suffisant pas, on fut forcé de distribuer des châtaignes;

le général ne pouvait faire franchir à ses troupes le *passo* d'*Apriga*, sans être assuré de ses subsistances dans le val *Camonica*. Le reste des cartouches encaissées, l'artillerie et ses munitions passaient encore le *Splugen*, et le 29 frimaire (20 décembre) la marche des troupes étant suspendue par ces obstacles, l'armée se trouvait dans la position suivante.

L'Avant-garde (Vandamme)

Occupait le haut *Oglio*, d'*Édolo*, au *mont Tonal*, se liant par sa droite avec l'*armée d'Italie*, et par sa gauche à la 1re. division par le *Martorol*.

La 1re. *Division* (Baraguay-d'Hilliers)

Était en position à *Bormio*, *Puschiavo*, communiquant par sa gauche avec la 3e. division (*Morlot*) par le *Julierberg*, le *Septimer*, l'*Albula*, et le *mont-Scaletta*.

La 2ᵉ. *Division* (Pully)

Avait sa droite au *passo* d'*Apriga*, sa gauche à *Buffetto*, prêt à soutenir la 1ʳᵉ. *division* ou l'avant-garde.

La 3ᵉ. *Division* (Morlot)

Tenait toujours la *Lanquart*, *Davos* et l'*Albula*, appuyait la 1ʳᵉ. *division* dans l'*Engadine* haute, et se liait à l'*armée du Rhin*, par le val de *Montafo*.

Morbegno et *Soudrio* étaient occupés par la réserve d'infanterie (*Rey*) et les bords du lac de *Côme*, par la réserve de cavalerie. Le parc d'artillerie était à *Morbegno*.

Les soldats manquaient de tout ; le général *Vandamme* écrivait au général en chef : *Ma compagnie d'artillerie n'a rien de son matériel. Il est dû treize mois de solde. Toute la troupe manque de souliers ; très-peu ont des capotes. Je n'ai que deux mille cinq cents hommes, dont le nombre diminue à chaque heure; je leur promets un meilleur avenir, et je pense que je ne risque rien; car il est bien impossible d'être plus mal.*

Chaque général pouvait en dire autant de sa division; il reçut alors deux pièces de canon venues de *l'armée d'Italie*, et se prépara aussitôt à attaquer le *mont Tonal*. Enfin les capotes arrivèrent. Le général en chef fit faire et acheter des souliers dans le pays occupé par les troupes; dix journées de montagne ayant suffi pour user ceux qu'on avait distribués avant le départ.

Le premier nivôse (22 décembre.) le général *Lecchi* et deux mille hommes que le général *Brune* envoyait au général *Macdonald*, arrivèrent à *Pisoque*, où le général *Oudinot* avait envoyé des vivres attendus avec tant d'impatience; un service de mulets fut organisé, et payé comptant.

L'artillerie, les divisions Pully, Rey, et du *général Laboissière*, suivies du 1er. de *hussards*, du 12e. de *chasseurs* seulement (le 10e. *de dragons*, tournant le lac *Diséo*, et se dirigeant sur *Storo* et *Riva*), marchèrent par l'*Apriga*, et s'avancèrent en silence dans le val *Camonica*.

Ainsi dans les premiers jours de nivôse, le général en chef avait porté toute son armée sur une seule ligne, qui appuyait sa droite au lac *Diséo*, remontait l'*Oglio*, avait son centre dans le val de l'*Adda*, et sa gauche devant *Zernest*, soutenue par la division *Morlot*, placée en réserve à *Coire*, et qui commençait, comme nous l'avons vu, à déboucher dans la *haute Engadine*.

A l'armée du Rhin, la victoire d'*Hohenlinden* du 12 frimaire, le passage de l'*Ynn* à *Neupeurein* le 18; le 23 celui de la *Salza* entre Lauffen et Salzbourg, la prise de cette ville et le passage de la *Trann*, le 29 sur *Lambach* et *Wels*, avaient complétement rempli le but que s'était proposé le général *Moreau*. Le *Tyrol* se trouvait pris à travers, bloqué presqu'entièrement par trois armées, l'*Autriche* menacée dans sa capitale ; et la communication directe entre les armées impériales d'*Italie* et du *Tyrol* avec celles d'*Allemagne*, était presqu'entièrement interceptée.

Sachant aussi bien profiter de sa victoire qu'il savait vaincre, le général *Moreau* poursuivit l'ennemi sans lui donner le tems de se reconnaître : dès le 4 nivôse (25 décembre), sa gauche fut à *Lintz*, sa droite à *Kremsmunster*, et son centre à *Steyer*. L'Archiduc *Jean*, pour s'opposer à sa marche rapide, se reforma derrière la *Trasen*.

Mais en vingt-quatre jours, la perte de cent quarante bouches à feu et de trente-cinq mille hommes, tant tués que faits prisonniers, jointe à la position critique où se trouvait l'Archiduc, l'engagea à demander l'armistice qui fut signé à *Steyer*. Les raisons qui portèrent le général *Moreau* à l'accepter sont assez connues.

Il savait le général *Brune* encore sur les bords du *Mincio*. Il supposait *l'armée des Grisons* arrêtée devant les énormes glaciers du *Tyrol*, ou peut-être ensévelie sous les neiges de la Valteline. Il voyait que *l'armée Batave*, après avoir forcé le pont d'*Aschaffembourg*, et gagné les batailles de *Burg-Eberach* et de *Nuremberg*, était maintenue près de Ratisbonne par une force supérieure, dans un pays coupé, tandis que *l'armée du Rhin*, déja maîtresse de *Steyer*, se trouvait ainsi à quatre-vingts lieues en avant des autres armées, pouvant être vivement inquiétée sur ses derrières, par les corps autrichiens que renfermait le *Tyrol*, et peut-être même alors forcée de rétrograder.

Telle fut l'une des principales raisons qui empêchèrent le général *Moreau* de pousser plus loin sa fortune, et le 5 nivôse (26 décembre) l'armistice fut signé à *Steyer*.

L'*armée des Grisons* n'y était pas comprise, mais il chassait les Autrichiens des vallées de *Munster* et du *Haut-Adige*, en dirigeant leur retraite par *Botzen*. Cet article de l'armistice, tout favorable qu'il pouvait paraître pour le général *Macdonald*, l'empêcha pourtant de prendre les corps qui lui étaient opposés dans ces deux vallées. Nous l'avons quitté au moment où il donnait l'ordre d'attirer l'ennemi sur les *trois passages*, par des attaques vives et multipliées, et de l'effrayer dans les *Engadines*, en lui montrant nos armes du sommet des *Alpes rhétiennes*.

Son but était toujours de cacher aux Impériaux le mouvement qu'il faisait alors par sa droite, dans le but de le tourner. La division *Lecchi*, arrivant à *Pisogue*, contribuait aussi à masquer ce mouvement, et observait les sources du *Cascaro* et le mont - *Gave*.

Le 2 nivôse (23 décembre), le général *Devrigny* vengea sur *Zernest* l'échec que sa brigade avait reçu à *Zutz*. Il se précipita avec tant d'audace sur les retranchemens ennemis, qu'ils furent emportés au premier abord. Les Autrichiens abandonnèrent une pièce de canon, firent sauter leurs magasins, et rompirent le pont de l'*Ynn* en se retirant.

Le 4 (25 décembre) la 45e. marcha en avant, culbuta tout ce qu'elle avait devant elle, et ne s'arrêta qu'à *Steinberg* dans la basse *Engadine*, après avoir fait une cinquantaine de prisonniers.

Le général *Devrigny* resta à *Zernest*, et le général *Guillaume* passa du commandement de la brigade de droite à celui de la brigade de gauche ; les deux tiers de la division étaient alors dans les *Engadines*, la brigade de droite occupait *Bormio* et les environs.

Le 6 nivôse (27 décembre) *Casa-Nova*, mazure fortement retranchée, résista à nos efforts. Irrité de cette opposition, le général *Guillaume* fit recommencer l'attaque le même jour. Le chef de brigade *Barier*, à la tête de la 45.ᵉ et du 2.ᵉ bataillon de la 3.ᵉ d'Orient, ne parvint à emporter cette forte position, qu'en la faisant tourner par les crêtes de gauche auxquelles les retranchemens étaient appuyés, et sans donner le tems à l'ennemi de se rallier : il le poursuivit toute la nuit jusqu'à *Ramütz*, après s'être emparé du passage d'*Ardetz* à *Galthür*, de *Schulz* qui le couvre, et de la vallée de *Scarle* qui pourrait dans une autre saison conduire à *Sainte-Marie*.

En s'avançant ainsi, le général *Baraguay-d'Hilliers* était forcé d'éclairer fortement sa droite. D'après le rapport des espions, le val de *Munster* contenait un parc de réserve et douze pièces en batteries près *Sainte-Marie* ; il était occupé, ainsi que le val de *Lémi*, par les régimens de *Salis-Brackmann*, *Kalenberg*, *Stratzy*, par un corps de Valaques et sept compagnies de chasseurs tyroliens.

Il restait encore pour arriver au *Martins-Brück* de forts retranchemens à détruire et un passage d'un accès difficile après *Ramütz*. Le 8 nivôse les braves grenadiers de la 45.ᵉ demandent à marcher ; le général *Baraguay-d'Hilliers* applaudit à leur zèle ; leur intrépidité étonne les Autrichiens ; ils craignent, s'ils sont forcés, de ne pouvoir s'écouler assez promptement par les sentiers étroits de *Ramütz*; et n'osant se confier à la supériorité de leur nombre, ils se retirent avec perte derrière le pont *Saint-Martin*. Les Français prennent position devant les ouvrages qui le défendent.

Le 11 nivôse (1.er janvier) ces retranchemens, qui pouvaient contenir 3000 hommes, sont emportés; l'ennemi se retire par *Nauders* et *Glurentz* et nous pénétrons dans le *Tyrol*, obtenant de vive force un passage que nous livrait l'armistice de *Steyer*, signé quatre jours avant; mais ces articles n'avaient pas encore pu parvenir à l'*armée des Grisons*. Ainsi le 11 *nivôse* (1.er janvier) le général *Baraguay* avec 1800 hommes avait fait perdre à 6900 Autrichiens 200 prisonniers et vingt lieues d'un pays, où pour faire un pas il fallait forcer une position, et où chaque peloton pouvait arrêter une armée.

De son côté le général *Vandamme* n'avait qu'un pas à faire pour entrer dans le *Tyrol*; quatre heures de marche suffisaient pour atteindre le revers de la chaîne qui le sépare du val *Camonica*. Un sentier s'offrait à ses yeux, mais il conduisait à l'un de ces glaciers éternels qui brillent au sommet des *Alpes*. Des redoutes construites sur un chemin de deux pieds de large, étaient élevées de distance en distance sur cet étroit passage, et l'art s'unissait ainsi à la plus affreuse nature, pour le rendre tout-à-fait impraticable.

Le général de brigade *Veaux*, accoutumé à vaincre toutes les difficultés, fit monter le 2 nivôse (23 décembre) à l'assaut 200 hommes, composés des grenadiers de la 104.e, la 1.re et la 17.e légère, commandés par les chefs de bataillon *Séron*, *Lévecque* et le capitaine *Bonnard*; ils gravissent la montagne sous le feu de l'ennemi,

nemi, sans y riposter, atteignent les avantpostes, les culbutent, les poursuivent; des retranchemens les arrêtent, la neige ne portait pas, les soldats ne pouvaient arriver qu'un à un; c'est en vain qu'ils tâchent d'ébranler des pallissades fixées dans une terre gelée; les uns se précipitent dans les fossés, d'autres atteignent des pointes de rochers et de leur feu plongent dans les retranchemens ; mais une grêle de balles les renversent successivement ; de nouveaux combattans se présentent sans être plus heureux : déja 50 soldats sont hors de combat, d'autres roulent et disparaissent dans les abîmes qui les entourent. L'adjoint *Séron*, blessé lui-même à la tête, ordonne la retraite qui se fait sous la protection des carabiniers que commandait le capitaine *Bonnard*. L'ennemi veut sortir de ses retranchemens, un feu vif et bien nourri le force d'y rentrer; les Français se retirent en bon ordre, mais ce ne sont pas des hommes qui les ont repoussés, la nature seule a pu les vaincre.

L'état-major général franchit alors l'*Apriga*, montagne moins élevée, mais en beaucoup d'endroits comparable au *Splugen* pour le danger; plusieurs chevaux tombèrent dans les précipices; un sentier étroit, taillé dans le roc, tournant continuellement sur lui-même, et toujours bordant un abîme, offrait des difficultés presqu'insurmontables pour le passage de l'artillerie; à peine les chevaux pouvaient-ils se replier dans ses tortueux détours.

Le général en chef continua sa marche le *dix* (31 décembre) sur *Pizogue*; en même tems, et par ses ordres, le général *Vandamme* assaillit une seconde fois le *Tonal*, avec quatre cent cinquante hommes seulement. Un bataillon de la 17e. légère et un détachement de la 1re. légère commandée par le chef de bataillon *Lambert* et *Lannay*, et le chef de brigade *Vedel*, attaquèrent avec une si vive impétuosité, que les premières redoutes furent emportées; le général *Veaux* commandait en personne, mais d'autres redoutes garnies de canons se présentèrent devant lui ; il se préparait à les attaquer lorsqu'il s'aperçut qu'une colonne ennemie d'environ *trois cents* hommes, cherchait à le tourner par son flanc droit; ce mouvement décida la retraite qu'il fit en ramenant une trentaine de prisonniers : la compagnie de carabiniers de la 17ᵉ. et les officiers *Cardaillac*, *Seroffen*, et *Founis*, montrèrent une bravoure dont on a peu vu d'exemples ; effrayé de cette nouvelle tentative, le général ennemi fit porter 6,000 hommes sur ce point, et en cela il remplit pleinement les intentions du général *Macdonald*.

Le courage que montrèrent les officiers

et les soldats dans ces fausses attaques, dont le seul but était d'attirer l'ennemi sur ce point, était d'autant plus digne d'admiration, que la victoire ne devait pas être le dédommagement de tant de travaux et de périls.

A la faveur des énormes masses qui dérobaient nos mouvemens, des travaux faits pour ouvrir *Ste.-Marie*, et des combats réitérés sur le *Tonal* et le *Martins-Brück*, qui trompaient les généraux ennemis sur notre véritable but, le général en chef avait rassemblé sur sa droite les trois quarts d'une armée, qu'ils croyaient répandue sur une ligne de cinquante lieues.

Le val *Camonica* renfermait alors dans son sein cette même colonne, qui gravit le *Splügen* et l'*Apriga*, composée des divisions *Pully*, *Vandamme*, *Rey*, de l'état-major-général, et augmentée de la division *Lecchi*.

Malgré la longueur, la difficulté presqu'insurmontable des chemins, infanterie, artillerie, cavalerie, tous les élémens de la guerre étaient rassemblés sur un seul point ; l'orage préparé en silence était enfin prêt d'éclater, et, s'élevant sur les cîmes du *St.-Zéno*, allait fondre avec rapidité sur l'ennemi étonné, et le renverser dans son passage inattendu.

Dans une guerre de dix années qui a presque toujours eu l'*Allemagne* pour théâtre, vous avez dû souvent vous étonner de voir les Impériaux plus mal instruits de nos mouvemens, que nous des leurs. Ils avaient cependant les peuples pour eux, et chaque paysan pouvait leur servir d'espion ; il me semble qu'on peut attribuer cette singularité à une économie déplacée, que les Français n'imitèrent pas : mieux payés par nous, ces espions nous ont mieux servis ; mais c'est aussi bien souvent par leurs déserteurs que nous sommes instruits de leurs positions et de leurs mouvemens. Ils n'ont pas le même avantage ; car, si la désertion à l'intérieur est quelquefois commune dans l'armée française, elle est rare et très-rare à l'extérieur. Les Français savent qu'ils n'auraient qu'à perdre au change, que le service le plus doux est celui de la France, et le seul qui leur offre l'espoir d'un avancement quelconque. La position du soldat autrichien n'est pas la même, et il est difficile, quand on le rapproche du soldat français, qu'il n'en sente pas la différence. Engagé malgré lui, et ne pouvant s'attendre, comme militaire, à une amélioration dans son sort, son unique espérance doit donc être d'en changer, et ce dernier motif peut lui faire quitter ses drapeaux, si c'est par calcul qu'il déserte. Si sa désertion est l'effet d'un premier mouvement, (quoique le caractère des Allemands en soit moins susceptible que le nôtre) n'est-il pas présumable que les coups qui sont d'usage en Autriche dans les punitions militaires, l'auront fait naître? C'est au moins un motif de plus; il en est d'autres encore, mais qui m'éloigneraient trop de mon sujet, et qu'il appartient à votre expérience seule, et à la connaissance réfléchie des lois et du gouvernement autrichien, d'approfondir.

Ce fut alors que le général en chef apprit que le général *Brune*, jugeant peut-être l'armée du comte de *Bellegarde* trop affaiblie par ses détachemens dans le *Tyrol*, pour lui résister, s'était décidé à l'attaquer de front, et avait passé le *Mincio*.

Le 10 nivôse (31 décembre) après avoir fait prendre à ses troupes pour quatre jours de vivres, et fait ouvrir les sentiers du *St.-Aséno* (l'une des Alpes la plus haute et la plus dangereuse), le général *Lecchi* passa dans le val *Trompia*, franchit le

Mont-Zouf, plus affreux que le *St.-Zéno*, où plusieurs hommes et chevaux furent engloutis, et descendit le 11 (1er. janvier) dans le val *Sabbia*, suivi de près par le reste de l'armée. Le général *Rochambeau*, détaché sur sa gauche de l'armée d'*Italie*, était resté en position dans le val *Sabbia*, où il contenait l'ennemi. Ayant été mis momentanément à la disposition du général *Macdonald*, il venait de s'emparer de *Storo* par son ordre, et couvrait ainsi notre mouvement. L'ennemi ne voyant que ce corps d'observation, crut qu'on voulait seulement le maintenir dans les montagnes; et se sentant au contraire fortement attaqué par l'*Engadine* et le *Tonal*, il s'affaiblit du côté de la Chiése pour soutenir ces points menacés. En ce moment la tête de nos colonnes arrive à *Storo*: ayant réussi complettement, et son but se trouvant rempli, le général *Rochambeau* quitte cette position, marche sur *Salo* et *Riva*; ce rideau levé, le général *Davidowich* voit devant lui toute l'armée des Grisons, et n'a qu'un faible corps à lui opposer : le général *Lecchi* profite de son étonnement, remonte la Chiese, le poursuit, le chasse de *Coudino* et *Casteler*. L'Autrichien apercevant sa méprise, craint d'être forcé, et lui propose vainement un armistice, en l'arrêtant devant les retranchemens de *Pieve-di-Buono*.

Le général *Pully* venait de remplacer à *Storo* la division du général *Rochambeau*; et le même jour, 14, (4 janvier,) le général *Rey* parti de *Laone-di-Sopra*, dirigea la 14e. sur la *Rocca-Daufo*, et la 15e. légère sur *St.-Giacomo*. Le 15 nivôse (5 janvier,) ces deux divisions se réunirent au dessus du lac *Didro*, soutenant le général *Lecchi*.

Le général *Vandamme* suivait ce mouvement avec rapidité, il venait d'être remplacé au *mont Tonal* le 11 nivôse (1er. janvier,) par la brigade *Devrigny*, descendue de *Bormio* dans le val *Camonica*, par le *Martorolo*.

Mais le général *Macdonald*, en quittant le val *Camonica*, allait ajouter le passage du *Saint-Zéno* et du val *Trompia* aux obstacles qui gênaient déja sa communication avec les généraux *Baraguay-d'Hilliers* et *Morlot* : il allait se trouver séparé de ces deux divisions par plusieurs chaînes de glaciers et par cinquante lieues de montagnes. Voulant prévenir l'incertitude que pourrait donner à leurs mouvemens la responsabilité dont il se trouverait chargé, il leur donna les instructions suivantes.

L'armée se trouvait alors divisée en quatre corps.

Celui de la droite, commandé par le général en chef en personne, et composé de quatre divisions, marchait sur *Trente* par *Tion* et *Bucco-Dévéla*, il ne pouvait être retardé que par le manque de munitions, et non par l'ennemi, qui, trompé par une manœuvre hardie et savante, venait de s'affaiblir du côté où les deux tiers de l'armée l'attaquait, et se trouvait incapable de lui résister.

La brigade *Devrigny* formait le second corps; elle occupait le revers du *Tonal* et les eaux de l'*Oglio*; le général en chef prévoyant, qu'informé de son attaque sur *Tion*, le général *Stejanicht* évacuerait promptement le val *Disole*, donna ordre au général *Devrigny* de l'y poursuivre dès qu'il sentirait le *Tonal* abandonné, et de retarder sa marche dans le val *Dinos* par de vives attaques, espérant de son côté prévenir l'Autrichien sur l'Adige.

Le troisième corps (le général *Morlot*)

tenait la haute *Engadine* et les sources de l'*Adda*. Il devait rendre praticables les sentiers qui conduisent à *Sainte-Marie*, s'emparer du versant des eaux de l'*Adige*, et chasser l'ennemi devant lui.

Le quatrième corps, parvenu à débusquer l'ennemi du *Martins-Brück*, avait ordre de poursuivre ses succès.

Les *troisième* et *quatrième* corps ayant à s'emparer de postes difficiles, devant être séparés du reste de l'armée, et agir seuls pendant plusieurs jours, furent composés de deux divisions, moins la brigade *Devrigny*, et ces deux divisions devant se réunir et se suivre dans la vallée du haut *Adige*, le général *Macdonald* jugea à propos de mettre le général *Morlot* sous les ordres du général *Baraguay-d'Hilliers*: il donna pour toute instruction à ce dernier, de se porter le plus promptement possible sur *Mœrau* et *Botzen*. On voit que l'armée, divisée en trois colonnes, devait déboucher et en même tems se trouver en ligne sur l'*Adige*, sa droite à *Trente* et sa gauche à *Botzen*.

Par cette opération, le général en chef arrivant à *Trente*, le général *Laudon* se trouvait pris entre cette ville et la *Piétra* qu'il défendait, et le général *Baraguay-d'Hilliers* devant être en même tems à *Botzen*, le corps du général *Stejanicht* poursuivi dans le val *Dinos* par le général *Devrigny*, éprouvait entre *Botzen* et *Trente*, le même sort que le général *Laudon*.

Si le général *Baraguay-d'Hilliers* n'avait pu arriver à tems à *Botzen*, un corps nombreux détaché de la droite, marchant sur cette ville et s'en emparant, prenait dans le val du haut *Adige* tout ce qui s'opposait à la marche des deux divisions degauche.

Le général *Davidowich* sentant l'importance de ce danger, mais contraint par une force supérieure de se retirer sur Trente, faisait volte-face à chaque instant, et tâchait vainement d'arrêter la tête de la colonne française.

Cependant, pour qu'elle parvînt à son but, elle avait à forcer quatre positions; déja celle de la *Rocca-Daufo*, défilé de soixante toises, que défendaient des ouvrages bien entendus, venait d'être enlevée. On voyait ensuite en remontant la *Chiese*, les retranchemens de *Pieve-di-Buono*, que rendaient moins forts leur étendue et la possibilité de les tourner; *Lardor* présentait encore à peu de distance des redoutes presque inattaquables. *Saint-Alberto* quatrième et dernier retranchement avant *Trente*, était celui qui avait été fortifié avec le plus de soin, dont la position était la mieux choisie, et où l'art pouvait le mieux seconder la *nature*. Les Autrichiens avaient élevé sur des *mamelons* des redoutes, dont la forme était combinée avec celle du terrein, et qui, fermées à leur gorge par de fortes *palanques*, offraient une ligne qui paraissait insurmontable; de petits ouvrages en terre, liés par des palissades, remplissaient l'intervalle que ces redoutes laissaient entr'elles, et couvraient les mouvemens que l'ennemi pouvait faire pour les défendre.

Du 11 au 14 nivôse (du 1er. au 4 janvier,) l'ennemi fut délogé du *Martins-Brück*, une des sources de l'Adige, par la gauche, le centre du général *Baraguay-d'Hilliers* par la division *Morlot*, le général *Stejanicht* évacua le val *Disolé*, et y fut poursuivi, selon les ordres du général en chef; en même tems les quatre autres divisions forçaient *Pieve-di-Buono* et *Tion*; de la droite à la gauche de la ligne, l'ennemi fuyait de toutes parts, et l'armée des *Grisons* pénétrait dans le *Tyrol*.

L'effrayante position de *Saint-Alberto* fut bientôt forcée, une montagne plus affreuse que tout ce que nous avions vu jusques-là, ne fut point un obstacle capable de rebuter ces troupes victorieuses. Les Impériaux se retirèrent en désordre, il fallait descendre dans un précipice pour les suivre, et gravir ensuite une autre montagne, mais derrière cette montagne est *Trente*. Ce nom ranima le courage et les forces de nos troupes; *Vezzano-Vigolo*, *Basalga*, furent successivement témoins de leurs succès. Il ne fallait plus pour arriver sur les bords de l'*Adige* que forcer *Bucco-Divela*, chemin étroit, encaissé entre deux rochers d'une immense hauteur. Le général ennemi se retrancha dans ce dernier poste, et y soutint des attaques multipliées; mais des troupes légères s'étant

tant emparées des hauteurs, il se vit forcé d'abandonner cette position, et le 17 nivôse (7 janvier,) le général *Lecchi* parut devant *Trente*.

Le général *Stéjanicht*, instruit de notre marche, avait précipité la sienne par le val *Dinos* et *St.-Michel*, et s'échappait par cette capitale, ne nous laissant que quelques traîneurs.

La division *Pully*, suivie des divisions *Rey* et *Vandamme*, déboucha sur l'*Adige* par le même défilé de *Bucco-di-Vela*; l'artillerie n'avait pu passer cette horrible montagne de *Tion*. Sans l'attendre, les généraux *Pully* et *Lecchi* commencèrent l'attaque; après s'être emparés du faubourg, ils s'avancèrent sur le pont *Saint-George*, n'ayant pas eu le tems de faire sonder l'*Adige*, qui a depuis été reconnue guéable à cent pas de là : la *porte* s'ouvrit, et plusieurs bouches à feu ba-

F

layèrent tout ce qui s'était témérairement avancé ; l'ennemi profita de ce moment pour brûler deux arches du pont, mais son feu terrible ne parvint pas à déloger les Français du faubourg, ni même de la tête du pont.

Le général en chef, précédé du général *Dumas*, arrive alors ; en un jour et demi il avait fait cinquante milles dans les montagnes, dont trente sur la glace. On construit sur le champ un pont de bateaux sous le feu de l'ennemi, en face de la porte de *Lavis* ; les Autrichiens fuient ; *Trente* est prise, et avec elle quelques magasins, des blessés, et une centaine de prisonniers. Le général *Macdonald* fait pousser sur le champ des reconnaissances vers la *Piétra*, pour avoir des nouvelles, et rétablir sa communication avec le général *Brune*.

Elles rapportent qu'elles ont rencontré les avant-postes de l'*armée d'Italie* à *Ro-*

veredo; Veronne avait reçu sa droite le 11 (1er. janvier,) le même jour *Bucclingo* avait été témoin de son passage. Le général *Dupont* avait pris *Vicenze* le 17 (7 janvier); et le général *Moncey*, commandant la gauche, après avoir forcé le fort de la *Chiuse*, *Alla*, *Roveredo*, était resté devant la *Piétra*; le général *Laudon* qui y tenait, averti à tems de notre arrivée, l'avait évacuée précipitamment, et c'était son arrière-garde ou celle des généraux *Wussakowich*, *Stéjanicht*, ou *Davidowich*, qui, le 17, fut surprise et forcée à *Trente* par l'avant-garde de *l'armée des Grisons* : c'est ainsi que s'échappèrent ces corps, au moment où ils allaient tomber en notre pouvoir.

Le général en chef, maître de *Trente* et de la *Brenta*, par où l'ennemi s'était écoulé, l'y fit poursuivre par le général *Lecchi*. Il espérait encore que les premières troupes du général *Brune* seraient à *Bassano*, et que les deux issues de ce défilé se trouvant fermées, ces généraux n'auraient reculé que d'un jour le moment de leur reddition. Mais ils trouvèrent le passage libre, et opérèrent leur jonction avec le comte de *Bellegarde*, sans nulle opposition.

Le général *Moncey* ayant l'ordre de passer par *Trente*, pour aller sur *Bassano*, le général *Macdonald* qui aurait pu le précéder, lui livra passage; et désormais, sans nulle crainte pour sa droite, le 17 même (7 janvier,) il détacha sur *Botzen* le général *Pully*, soutenu par la division *Vandamme* et la brigade *Devrigny*, descendant sur l'*Adige* par *Vermeglio*, *Male* et *St.-Michel*.

J'ai déja dit que le but de cette marche était (si les divisions *Baraguay* et *Morlot*, dont le général en chef n'avait pu recevoir de nouvelles depuis cinq jours, étaient arrêtées dans le haut *Adige*) d'en fermer la sortie en prenant *Botzen*, et de faire prisonnier le général *Auffemberg*, qui défendait cette vallée.

C'était, sans doute, un but important que celui de la prise de près de huit mille hommes; mais ce n'était pas le seul : une opération plus belle et plus décisive motivait cette marche ; *Clagenfurth* était le point sur lequel elle se dirigeait. L'*armée des Grisons* devait s'emparer de *Brixen*, *Mulbach* et *Prunecken*, chercher à pénétrer dans le val de la *Drave*; de l'occupation de cette vallée, résultait l'entière interruption des communications de l'armée de l'*Archiduc* avec celle du comte de *Bellegarde* par le *Tyrol*, et le rejet de cette dernière sur *Trieste* : tel était le brillant résultat que se proposait le général en chef, pour but de cette opération.

Les différentes marches qui la préparaient étaient si bien combinées, qu'au même moment où le général *Pully* arrivait devant *Botzen*, en remontant l'*Adige*, le général *Baraguay*, en la descendant, se trouvait de son côté en présence de cette ville, l'un soutenu par la division *Vandamme* et la brigade *Devrigny*, et l'autre par la division *Morlot*.

Il aurait, sans doute, mieux valu que le général *Baraguay-d'Hilliers* eût éprouvé plus d'oppositions, puisque la prise du général *Auffemberg* s'en serait probablement suivie; mais la même raison qui empêcha l'accomplissement du plan sur *Clagenfurth*, fut celle qui nous enleva ce succès.

Déja les colonnes ennemies s'étaient retirées, par *Botzen*, derrière la ligne de démarcation convenue à *Steyer*. C'est à cet *armistice* que l'on doit attribuer cette retraite; sans lui les corps défendant le *Martinsbrück* et *Ste.-Marie*, après avoir été forcés, auraient défendu pied à pied la vallée du haut *Adige*; et il est prouvé que, s'ils avaient tenu sur ces deux points un jour de plus, ils donnaient le tems à nos divisions de droite de s'emparer de *Botzen* et de leur couper la retraite. Mais, le général *Moreau* ignorant notre position, cet article dut lui paraître favorable pour l'*armée des Grisons*, puisqu'il lui permettait alors de porter toutes ses forces sur sa droite.

La plus grande partie de l'armée se trouvait réunie le 21 sur *Botzen*, que les généraux *Pully* et *Baraguay-d'Hilliers* se préparaient à attaquer. Pendant que les Autrichiens invoquaient l'armistice, les grenadiers de la 12ᵉ. et de la 73ᵉ. engageaient une affaire, que la prise de la ville aurait probablement terminée.

Mais alors arriva l'adjudant-commandant *Lenormant*, envoyé par le général

Moreau. Il prévint le général *Baraguay-d'Hilliers* de l'armistice ; ce général lui répondit qu'il ne pourrait s'y conformer, qu'après avoir reçu des ordres du général *Macdonald*. Aussitôt l'adjudant-commandant se porta à la division *Pully*, et ne put arrêter le feu commencé, qu'en déclarant qu'il serait obligé de se mettre du côté de l'ennemi. Le général *Pully* fit poser les armes, et livra passage à cet officier supérieur, qui se rendit auprès du général en chef avec un officier d'état-major autrichien. Le général venait d'apprendre l'*armistice*, et quoique la ligne de démarcation masquât son front et détruisit son plan, il l'accepta en considération du général *Moreau*; mais il exigea que l'armée autrichienne ouvrit passage aux troupes et à la colonne d'artillerie, qui, descendant par la grande route de *Mœran*, allaient, pour ne pas forcer la ligne de démarcation, être obligées de retourner par le *Tyrol* méridional pour arriver à *Trente*. On fit quelques difficultés; il menaça de reprendre les hostilités, disant que l'Empereur ne desirait pas sincèrement la paix, s'il craignait et voulait empêcher cette réunion; on lui accorda ce qu'il demandait, faute de raisons plausibles pour répondre à un argument si bien soutenu.

Sa gauche se trouvant paralysée par l'armistice, son centre à *Trente*, arrêté par les montagnes, il proposa aussitôt au général *Brune* de se réunir à lui et de former la gauche de l'*armée d'Italie*. Sa proposition fut acceptée; mais à peine ses troupes commençaient-elles à se mettre en mouvement sur la *Brenta*, qu'il reçut la nouvelle de l'armistice de Trévise.

Le général *Brune* s'était toujours avancé, chassant devant lui une armée désorganisée, et affaiblie par ses pertes et les nombreuses garnisons qu'elle avait été obligée de laisser dans *Mantoue*, *Véronne*, *Peschiera*, *Porto-Legnago*, *Ancône* et *Ferrare*. Le comte de *Bellegarde* faisant mine de se défendre, avait dérobé quelques marches au général *Brune* ; son arrière-garde avait été battue le 20 à *Arméola* ; le 21, *Moncey* était à *Bassano*; *Castel-Franco* avait cédé le 22; et le 24, les Français étaient entrés dans *Trevise*, où l'armistice s'était conclu le lendemain 25 nivôse (15 janvier.)

Dès-lors la guerre n'existant plus, le général *Macdonald* répandit son armée dans le *Tyrol* italien : elle occupa, afin d'y vivre, la plus grande étendue d'un pays pauvre, qui ne produit dans les meilleurs tems, que les deux tiers de sa consommation annuelle.

Pendant ces évènemens, les Napolitains,

oubliant les leçons qui leur avaient été données, parurent dans la *Toscane* avec le dessein d'inquiéter les derrières de l'*armée d'Italie*.

Une nouvelle armée formée à *Genève*, déboucha aussitôt sur trois colonnes, par le *Mont-Cenis*, le *Saint-Bernard* et le *Mont-Genèvre*, et se dirigea vers *Modène*.

Le général *Soult* eut aussi à réduire du 20 au 30 nivôse (du 9 au 19 janvier,) une partie des peuples du *Piémont* révoltés et organisés. Ces deux mouvemens de la *Toscane* et du *Piémont* paraissent avoir été excités par les Autrichiens, dans le but d'arrêter la marche de l'*armée d'Italie*. On sait quel fut le résultat de cette dernière tentative.

Avec les impositions que le général *Macdonald* mit sur le *Tyrol* italien, non-seulement le courant de la solde de son armée fut exactement payé, mais chaque officier reçut un mois d'appointemens, et tous les *sous-officiers* et soldats dix jours de paie en gratification.

Vers le commencement de pluviôse une légère fermentation parut vouloir troubler la tranquillité des Français dans le *Tyrol*. S'il y eut pourtant quelques rassemblemens armés, ils furent plutôt composés des déserteurs des deux armées que des habitans. Cependant la nature du pays facilitait ces insurrections, et pouvait donner l'espérance de l'impunité. L'esprit connu des *Tyroliens* et plusieurs meurtres déja commis, éveillèrent l'inquiétude du général en chef, et lui rappelèrent les dangers qu'il avait courus en *Toscane*. Le désarmement des habitans, et une proclamation sévère, arrêtèrent ces désordres dans leur naissance, et maintinrent une parfaite tranquillité dans ce pays, jusqu'au moment où la *paix de Lunéville*, signée le 20 pluviôse, terminant les armistices à la satifaction de tous les peuples, permit au général *Macdonald* de soulager le *Tyrol* du poids de son armée ; il n'attendit pas même l'échange des ratifications pour diriger ses troupes sur l'*Helvétie*. Trente, suivant le traité, fut évacuée le 30 germinal (20 avril,) et remise entre les mains du Chapitre.

En attendant les ordres du gouvernement sur ses opérations ultérieures, il s'était occupé de la destruction des ouvrages élevés par les Autrichiens, pour la défense du *Tyrol*; il avait commencé par la démolition du redoutable fort de la *Piétra*.

Ce fort construit en maçonnerie, appuyé du côté gauche à une montagne escarpée et à des rochers dont la pente est presque perpendiculaire, avait sa droite défendue par l'*Adige*, dont la rive opposée baigne le pied d'une montagne d'un accès impraticable. Ces fortifications avaient coûté des sommes immenses à l'Empereur, qui, sentant l'importance de cette position, vient, dit-on, de les faire relever; elles seront toujours d'une très-grande utilité, puisqu'elles défendront l'entrée du *Tyrol* par une de ses plus larges et plus belles vallées; il me semble même qu'elles ont acquis plus d'importance depuis que le traité de *Lunéville* a marqué, par le cours de l'*Adige*, les limites des possessions de la maison d'Autriche et de la République italienne; car, après avoir passé ce fleuve, une armée ennemie ne peut être arrêtée, en le remontant, que par les forts de la *Chiuse* et de la *Piétra*; il faut qu'ils puissent tenir assez pour donner le tems aux corps défendans le *Tonal* et les débouchés du *Tyrol* méridional sur l'Italie, de se retirer sur *Botzen* ou *Trente*; sans cela ces corps se trouveraient tournés et forcés de rendre les armes. Un avantage que nos alliés ont acquis, c'est qu'ils peuvent attaquer le *Tyrol* par la *Valteline*, le val *Camonica* et les débouchés du *Tyrol* sur l'*Italie*. On voit sur la carte, et cette campagne prouve que l'un des deux passages du *Tonal* ou de *Tion* étant forcé, l'ennemi est contraint de nous abandonner l'autre, et que ces postes, depuis l'occupation de *Véronne*, ne peuvent plus être considérés que comme des postes avancés, aventurés même, qui, par leur position, forceront les troupes qui les défendront, à s'en tenir à la défensive, et là, bien plus qu'en plaine, il me semble que tout l'avantage est du côté de l'aggresseur. N'est-il pas permis de croire qu'au moins le succès, sur l'un de ces points, est presque certain ? Les généraux *Lecourbe* et *Dessoles*, en 1799, en ont montré la possibilité ; c'est à ceux qui pourront avoir désormais cette tâche à remplir, à oser marcher sur leurs traces.

Vous vous rappelez qu'en l'an VII le général *Dessoles*, à la tête de quatre mille trois cents hommes, força les sources de l'*Adige*, et attaqua le 5 germinal dans le val de *Munster*, le général *Laudon*, qui opposa à ces quatre mille Français, huit mille hommes, dix-huit pièces de canon, et des retranchemens formidables; le général *Dessoles* sut multiplier ses forces aux yeux de l'ennemi, et manœuvrer avec tant d'adresse, qu'il parvint à tourner leur gauche et à tomber sur leurs derrières, dans le moment même où il abordait de front leurs retranchemens, avec le reste de ses troupes. Les Autrichiens étonnés, ne purent résister à cette double attaque, aussi vivement exécutée qu'habilement conçue, et le général *Laudon* fut contraint de s'échapper à travers des précipices,

laissant

laissant douze cents hommes sur le champ de bataille, près de cinq mille prisonniers, et dix-huit pièces de canon. Le général *Lecourbe* prenait en même tems du côté de *Nauders*, sept pièces de canon et trois mille hommes.

Mais l'une des meilleures preuves qui puisse étayer ce que j'avance, est cette même campagne d'hiver, dont vous venez de lire le récit, et où les Français eurent tant de périls à vaincre : la nécessité des magasins, ce grand obstacle à la célérité, première cause des succès, les difficultés qu'opposèrent à leur formation la nature du pays, se firent plus sentir, et mirent de plus fortes entraves à la promptitude de nos mouvemens, qu'à ceux des Autrichiens.

Nos ennemis eurent, de plus que nous, une communication toujours libre entre leurs aîles et leur centre, comme entre leur première et leur seconde ligne.

Combattant dans leur pays, ils purent

recevoir plus promptement des secours de tous genres, que nous étions forcés d'attendre des mois entiers; des chemins praticables conduisirent leur artillerie jusqu'à leurs avant-postes; on se souvient du détour que fit la nôtre pour y arriver.

Les vivres ne leur manquèrent jamais; du biscuit, des châtaignes, et quelques viandes salées, arrachées par l'excès de la faim, aux malheureux habitans de ces tristes contrées, soutinrent la vie de nos soldats contre des travaux continuels, contre l'âpreté du climat et la rigueur excessive de la saison.

Jamais l'histoire, dans un si court espace, ne présenta à l'admiration de la postérité, tant d'éclatantes et glorieuses actions; jamais les rêves d'une imagination guerrière n'eurent un but plus élevé, et ne conduisirent à un si brillant résultat; une armée dans le *pays vénitien*, deux armées dans le *Tyrol* et l'*Autriche*, une quatrième armée sur les frontières de la *Bohême*, formaient la droite, la gauche et le centre de cette ligne formidable ; en quatre mois de campagne elle avait ramené la guerre et l'ennemi des frontières françaises dans le centre de l'empire.

L'antique maison d'Autriche était prête à s'écrouler ; ses voisins les plus jaloux, ceux qui desiraient son abaissement avec le plus d'ardeur, commencèrent à craindre sa chûte et ses suites incalculables.

Dans cette effrayante position, ses généraux saisirent, sans se troubler, toutes les ressources que l'art ou la nature leur présentèrent : ils tirèrent parti du moindre pli de terrein ; et comme, dans des tems plus heureux, ils avaient su profiter habilement de leurs succès, ils supportèrent leurs revers sans jamais se décourager.

Si les Français n'avaient pas assez démenti depuis ces dix années de guerre, ceux qui ne leur accordent qu'un premier mouvement, si tant de preuves de leur persévérance n'avaient pas encore persuadé que l'enthousiasme de l'honneur n'est pas chez eux une passion éphémère, il ne faudrait, pour le prouver, que cette campagne des *Grisons* commencée avec l'hiver, ce siège du *Tyrol*, ces assauts répétés, ces escalades contre des murs de glace, défendus par un feu continuel, et enfin cette impétuosité soutenue, conduite avec habileté, qui les en rendit maîtres.

Tels sont les principaux évènemens de cette campagne mémorable. Je m'estimerais bien heureux, et je croirais mon but rempli bien au-delà de mes espérances, si ce Précis pouvait vous être de quelque utilité dans la foule des matériaux que vous employez pour écrire l'histoire.

P. PHILIPPE SÉGUR.

PIÈCES DIPLOMATIQUES,

Nécessaires à connaître pour la parfaite intelligence du Précis de cette campagne des Grisons.

Convention arrêtée entre le Citoyen Alex. Berthier, général en chef de l'armée française en Italie et S. Excellence le Baron de Mélas, général en chef de l'armée impériale en Italie, après la bataille de Marengo.

Article premier.

Il y aura armistice et suspension des hostilités entre l'armée de S. M. l'Empereur et l'armée de la République française en Italie, jusqu'à ce qu'il soit arrivé une réponse de la cour de Vienne.

II.

L'armée de S. M. l'Empereur occupera les pays situés entre le Mincio, la Fossa mestra et le Pô, c'est-à-dire, Peschiera, Mantoue, Borgoforte, et depuis là, la rive gauche du Pô, et sur la rive droite, la forteresse de Ferrare seulement.

III.

L'armée impériale occupera également la Toscane et Ancône.

IV.

L'armée française occupera les pays compris entre la Chiusa, l'Oglio et le Pô.

V.

Le pays situé entre la Chiusa et le Mincio ne sera occupé par aucunes troupes. L'armée de S. M. l'Empereur tirera ses vivres des pays qui appartenaient au duché de Mantoue; l'armée française tirera les siens du territoire qui appartenait à la province de Peschiera.

VI.

Les châteaux d'Alexandrie, Tortone, Milan, Turin, Pizzighetone, Arona et Plaisance, seront remis à l'armée française du 16 au 20 juin.

VII.

Les châteaux de Coni, Ceva, Savone, et la ville de Gênes, seront remis entre le 20 et le 23 juin.

VIII.

Le fort d'Urbin sera remis du 23 au 25 juin.

IX.

La grosse artillerie des différentes places sera classée de la manière suivante : A) Toutes les pièces de calibre autrichien appartiennent à l'armée autrichienne. B) Les pièces de calibres italien, piémontais et français appartiendront à l'armée française. C) Les provisions de bouche seront partagées de la même manière, et une partie sera à la disposition du premier commissaire des guerres de l'armée autrichienne.

X.

Les diverses garnisons sortiront ensemble avec tous les honneurs de la guerre et se rendront avec armes et bagages à Mantoue, par le plus court chemin.

X I.

L'armée autrichienne se rendra à Mantoue par Plaisance, en trois colonnes. La première du 16 au 20 juin, ou du 27 prairial au 1er. messidor. La seconde du 20 au 24 juin, ou du 1er. au 5 messidor; la troisième du 24 au 26 juin, ou du 5 au 7 messidor.

X I I.

Messieurs le général Saint-Julien; de Schvertnick, de l'artillerie : Debrun, du génie; Felsiegi, commissaire des vivres, et les citoyens le général Dejean; l'inspecteur aux revues Daru; l'adjudant-général Léopold Stubenrath, le chef de brigade d'artillerie Mossel, sont nommés commissaires à l'effet de pourvoir aux détails de l'exécution de la présente convention, soit pour la formation des inventaires, soit pour pourvoir aux subsistances et transports, soit pour tout autre objet.

XIII.

Aucun individu ne pourra être maltraité pour raison de services rendus à l'armée autrichienne, ou pour opinions politiques. Le général en chef de l'armée autrichienne fera relâcher les individus qui auraient été arrêtés dans la république cisalpine pour opinions politiques, et qui se trouveraient dans les forteresses sous son commandement.

XIV.

Quelle que soit la réponse de Vienne, aucune des deux armées ne pourra attaquer l'autre, qu'en s'en prévenant dix jours d'avance.

XV

Pendant la suspension d'armes aucune armée ne fera des détachemens pour l'Allemagne.

A Alexandrie, le 27 prairial (16 juin) an 8 de la république française.

Signé, ALEX. BERTHIER.

MÉLAS, *général de cavalerie.*

Extrait de la Convention entre les généraux en chef des armées française et impériale en Allemagne, concernant un armistice entre les armées.

Article premier.

Il y aura armistice et suspension d'hostilités entre l'armée de S. M. impériale, royale et de ses alliés dans l'Empire Germanique, en Allemagne, Suisse, Tyrol et Grisons, et l'armée de la république française dans ce pays. La reprise des hostilités devra être précédée d'un avertissement de douze jours, comptée de l'heure où la notification en sera parvenue au quartier-général de l'armée opposée.

II.

L'armée française occupera tout le pays compris dans une ligne de démarcation, qui, partant de la rive droite du Rhin à Balzers, longe le territoire des Grisons jusqu'à la source de l'Inn, dont elle embrasse toute la vallée, arrive à la source du Lech, en suivant la crête de l'Arlberg, descend jusqu'à Reuti, en suivant la rive gauche du Lech, ainsi que la rive droite, dans les points seulement où la route passe d'une rive à l'autre, laissant l'armée autrichienne en possession des débouchés qui arrivent à la rive droite; embrasse Reuti, passe le Seebach à Breitenwang, longe la rive septentrionale du lac qui fournit les eaux au Seebach, remonte la gauche de l'Engthal jusqu'à la source de l'Ammer, retombe sur la frontière du comté de Wardenfels, qu'elle suit jusqu'à la Loisach, sur la rive gauche de laquelle elle se prolonge jusqu'au Cochelsee, qu'elle traverse pour arriver à Walchensee, où elle passe sur le lac de ce nom ; longe la rive septentrionale du Jachaw jusqu'à son confluent dans l'Iser, qu'elle passe, et se dirige sur la Weisach à Reiten, tourne le Tegersee, traverse à Gmundt la Manguald, dont elle suit la rive gauche jusqu'à Fallay, où elle prend la direction d'Oblans, passe à Minster, Grais, Glan, Zenenberg, Ostrendorff, Mosach, Alxing, Telgfing, Ekhofen, Grafing, Exing, Ebersberg, Molskirch, Hohenlinden, Kraynacher, Weling, Teting, Heidberg ; de là à Isen, Pensing, Sieptenbach, en suivant l'Iser, jusqu'à Fürtern ; de là à Olendorff où elle se dirige vers la source du Wils, qu'elle descend sur la rive gauche jusqu'à Vilsbibourg où elle passe cette rivière, se dirige sur Binabourg, suit la route de la Bina jusqu'à Durnach, passe à Semenshausen, arrive à la source de la Kolbach, qu'elle descend sur la rive gauche jusqu'à son confluent dans la Wils, et la gauche de la Wils, jusqu'à son embouchure dans le Danube, remonte la rive droite de l'Altmühl jusqu'à Pappenheim, où elle prend la route de Weissembourg, pour arriver à la Rednitz, dont elle suit la rive gauche jusqu'à son confluent dans le Mein, qu'elle descend aussi sur la rive gauche jusqu'à son embouchure.

La ligne de démarcation sur la rive droite du Mein, entre ce fleuve et Dusseldorf, ne pourra, devant Mayence, être plus rapprochée de cette place que la Nidda, et dans la supposition que les troupes françaises auraient fait des mouvemens dans ces parties, elles conserveront ou reprendront pour ligne celle qu'elles se trouveront occuper aujourd'hui, 26 messidor (15 juillet).

III.

L'armée impériale occupera le haut et bas Engadin, c'est-à-dire, la partie des Grisons dont les eaux tombent dans l'Inn, et la Vallée St.-Marie dont les eaux tombent dans l'Adige. Le point de démarcation de l'armée française passera de Balzers au lac de Côme par la route de Coire, Tusis, le Splugen et Chiavenna. Le Luciensteig est compris dans cette ligne. La partie du territoire des Grisons comprise dans cette ligne et l'Engadin seront évacués et resteront neutres entre les deux armées. Ce pays conservera d'ailleurs la forme de son gouvernement.

IV.

Les places comprises dans la ligne de démarcation, qui se trouvent encore occupées par les armées impériales, resteront, sous tous les rapports, dans cet état, lequel sera constaté par des délégués nommés à cet effet par les généraux en chef des deux armées ; il ne sera rien ajouté à leurs moyens de défense, et elles ne pourront gêner la libre navigation des rivières et les communications qui passeraient sous leur commandement, lequel est fixé à deux mille toises de rayon du corps de la place. Leurs approvisionnemens ne pourront être renouvelés que tous les dix jours, et dans la proportion de la consommation réglée. Ils ne seront point pris dans l'arrondissement des pays occupés par l'armée française, qui de son côté ne pourra en contrarier l'arrivée.

. . . .

Fait double à Parsdorf, le 26 messidor, an 8 de la république française (15 juillet 1800).

Signé, *Le général de brigade* V. F. LAHORIE.

Le général-major-ingénieur au service de S. M. I. R. comte de DIETRICH-STEIN. PROSCAN.

Convention d'une prolongation de suspension d'armes entre l'armée française du Rhin et l'armée de sa Majesté Impériale en Allemagne.

Le comte de Lehrbach, ministre-plénipotentiaire extraordinaire de S. M. I. et R. apostolique en Empire et à son armée d'Allemagne et le baron de Lauer, feldzeugmeister des armées de S. M. d'une part, et le général de brigade de l'armée française du Rhin, Victor Fannau Lahorie, d'autre part; chargés respectivement des pleins pouvoirs nécessaires pour conclure et signer une convention, relative à une prolongation de suspension d'armes, ont arrêté ce qui suit :

Article premier.

S. M. I. et R., sur la demande du premier Consul de la république française, et dans la vue de donner une preuve de son desir d'arrêter le fléau de la guerre, consent à ce que les places de Philipsbourg, d'Ulm avec les forêts qui en dépendent, et d'Ingolstadt, lesquelles sont comprises dans la ligne de démarcation, qui a été fixée par la convention du 15 juillet dernier (26 messidor), soient remises à la disposition de l'armée française comme gage de ses intentions.

II.

Les garnisons, qui se trouvent dans ces places, sortiront librement avec tout ce qui leur appartient, et se rendront à l'armée impériale d'Allemagne.

III.

L'évacuation de ces places, tant en garnisons qu'en munitions de toutes espèces, devra avoir lieu dans le délai de dix jours au plus. Il sera à cet effet fourni par l'armée française toutes les facilités qui sont en son pouvoir, pour les moyens de transports en tout genre, qui seront à la charge de S. M. l'Empereur et Roi. Quant à l'occupation des places, il sera remis dans le délai de cinq jours à la disposition de l'armée française une des portes sur les grandes communications. Le choix en sera déterminé par les délégués, qui seront immédiatement envoyés dans le plus court délai pour constater l'état.

IV.

Les munitions de guerre et de bouche et les caisses militaires seront également évacuées. Il en sera de même de l'artillerie, à l'exception de celle de l'Empire. Cette dernière espèce sera constatée et certifiée par des délégués nommés à cet effet.

V.

Il sera déterminé dans le plus court délai, par une convention particulière, les moyens de transport et d'évacuation de ces places, ainsi que la subsistance et l'évacuation des malades qui ne pourraient être transportés avec les garnisons.

VI.

Au moyen des dispositions ci-dessus, il y aura une prolongation d'armistice et de suspension d'hostilités entre l'armée de S. M. I. R. et de ses alliés et l'armée de la république française du Rhin, de quarante-cinq jours, à compter de demain, y compris quinze jours d'avertissement pour la reprise des hostilités, si elles doivent avoir lieu.

VII.

Le général en chef de l'armée du Rhin s'engage à faire cesser sur-le-champ les hostilités à l'armée de la république française en Italie, dans le cas où la reprise en aurait eu lieu.

VIII.

La ligne de démarcation, fixée par la convention du 15 juillet dernier (26 messidor), est conservée dans tous ses détails sous la modification comprise dans les articles I, II, III, IV et V ci-dessus, et sous celle ci-après,

IX.

L'armée française du Rhin reviendra et s'arrêtera sur les deux rives de l'Iser, et l'armée impériale de l'Allemagne sur les deux rives de l'Inn, chacune à une distance de trois mille toises, soit de ces rivières, soit des places sur leurs cours. Il sera seulement placé une chaîne d'avant-postes sur la ligne de démarcation, fixée par la convention du 15 juillet dernier (26 messidor).

X.

Les dispositions de ladite convention seront exécutées en tout ce qui n'est pas contraire à la présente. L'article VIII de cette convention du 15 juillet (26 messidor) est non-seulement applicable aux habitans des places ci-dessus mentionnées dans toutes ses dispositions, mais le général en chef est en même tems invité à prendre en considération la situation dans laquelle les habitans ont été mis par les malheurs de la guerre.

X I.

La présente convention sera envoyée par des couriers à tous les commandans de corps des armées respectives tant en Allemagne qu'en Italie, avec la plus grande célérité, afin que non-seulement les hostilités soient et restent suspendues, mais pour que la mise à exécution puisse être commencée immédiatement et fixée au terme absolument nécessaire, eu égard aux distances.

X I I.

Il sera nommé par les généraux en chef des deux armées des délégués pour l'exécution des articles de la convention ci-dessus, qui pourraient exiger cette mesure.

Fait double à Hohenlinden, le 20 septembre (3ème. jour complémentaire an 8).

Signé, Comte de LEHRBACH.

LAUER, *feld-maréchal-général.*

Le général de brigade VICTOR F. LAHORIE.

Pour copie conforme, *le général de division chef de l'état-major-général de l'armée du Rhin.*

Signé, DESSOLLE.

Traité d'armistice entre les armées française et impériale en Allemagne, conclu à Steyer le 25 décembre, 1800.

Sa majesté l'Empereur et Roi voulant traiter de suite de la paix avec la république française, quelle que soit la détermination de ses alliés, les généraux en chef de l'armée française et impériale en Allemagne désirant arrêter, autant qu'il est en leur pouvoir, les maux inséparables de la guerre, sont convenus de traiter d'un armistice et suspension d'armes, et à cet effet ont chargé respectivement de pouvoirs spéciaux, savoir : le général en chef Moreau, le général de brigade Victor Lahorie, et S. A. R. l'archiduc Charles, le général-major comte de Grune et le colonel de Weirother de l'état-major ; lesquels ont arrêté ce qui suit :

Article premier.

La ligne de démarcation entre la portion de l'armée gallo-batave en Allemagne, sous les ordres du général Augereau dans les cercles de Westphalie, du Haut-Rhin et de Françonie jusqu'à Bayersdorf, sera déterminée particulièrement entre ce général et celui de l'armée impériale qui lui est opposé.

De Bayersdorf cette ligne passe à Erlang et Nuremberg, Neumark, Parsberg, Glabern, Stadt am Hof et Ratisbonne, où elle passe le Danube dont elle longe la rive droite jusqu'à l'Erlaff, qu'elle remonte jusqu'à sa source, passe à Markt-Gemming, Bogelbach, Gosslingen, Hemmen, Mendlingen, Leopoldstein, Eisenrzt, Vordernberg et Leoben, sur la rive gauche de la Muhr jusqu'au point où cette rivière coupe la route de Salzbourg à Clagenfurt, qu'elle suit jusqu'à Spital, remonte la chaussée de Vérone par Link et Brixen jusqu'à Botzen, de là passe à Merano, Glarus et St.-Martin, et arrive par Bormio dans la Valteline, où elle se lie avec l'armée d'Italie.

I I.

La carte d'Allemagne, par Chauchard, servira de règle dans les discussions qui pourraient s'élever sur la ligne de démarcation ci-dessus.

I I I.

Sur les rivières qui sépareront les deux armées, la cession ou la conservation des ponts sera réglée par des arrangemens particuliers, suivant que cela sera jugé utile, soit pour le besoin des armées, soit pour celui du commerce. Les généraux en chef des armées respectives s'entendront sur ces objets ou en donneront le droit aux généraux commandant les troupes sur ces points. La navigation des rivières restera libre, tant entre les armées que pour le pays.

IV.

L'armée française non-seulement occupera exclusivement tous les points de la ligne de démarcation ci-dessus déterminés, mais encore, pour mettre un intervalle continuel entre les deux armées, la ligne des avant-postes de l'armée impériale sera dans toute son étendue, à l'exception du Danube, à un mille au moins d'Allemagne de distance de celle de l'armée française.

V.

A l'exception des sauve-gardes, ou gardes de police, qui seront laissées ou envoyées dans le Tyrol par les deux armées respectives et en nombre égal, mais qui sera le moindre possible (ce qui sera réglé par une convention particulière) il ne pourra rester aucune autre troupe de S. M. l'Empereur dans l'enceinte de la ligne de démarcation. Celles qui se trouvent dans ce moment dans les Grisons, le Tyrol et la Carinthie, devront se retirer immédiatement par la route de Clagenfurt sur Bruck, pour rejoindre l'armée d'Allemagne, sans qu'aucune puisse être dirigée sur l'armée d'Italie. — Elles se mettront en route des points où elles sont, aussitôt l'avis donné de la présente convention, et leur marche sera réglée sur le pied d'une poste et demie d'Allemagne par jour. Le général en chef de l'armée française du Rhin est autorisé à s'assurer de l'exécution de cet article par des délégués chargés de suivre la marche des troupes impériales jusqu'à Bruck. — Les troupes autrichiennes et impériales, qui auraient à se retirer du Haut-Palatinat, de la Souabe et de la Franconie, se dirigeront par le chemin le plus court au-delà de la ligne de démarcation.

L'exécution de cet article ne pourra être retardée sous aucun prétexte au-delà du tems nécessaire, eu égard aux distances.

V I.

Les forts de Kufstein et Sching, ainsi que les autres points de fortifications permanentes dans le Tyrol, seront remis en dépôt à l'armée française, pour être rendus dans le même état où ils se trouvent à la conclusion et ratification de la paix, si elle suit cet armistice sans reprise d'hostilités. Les débouchés de Prenzernzant, Nodes et autres points de fortifications de campagne, dans le Tyrol, seront mis à la disposition de l'armée française.

V I I.

Les magasins appartenans dans le pays à l'armée impériale sont laissés à sa disposition.

V I I I.

La forteresse de Wurtzbourg en Franconie, et la place de Braunau en Bavière, seront également remises en dépôt à l'armée française, pour être rendues aux mêmes conditions que les forts de Scharding et de Kufstein.

I X.

Les troupes, tant de l'Empire que de S. M. I. et R. qui occupent ces places, les évacueront, savoir : la garnison de Wurtzbourg le 16 nivôse (6 janvier 1801), celle de Braunau le 14 nivôse (4 janvier), et celles des forts de Tyrol le 18 nivôse (8 janvier).

X.

Toutes les garnisons sortiront avec les honneurs de la guerre et se rendront avec armes et bagages, par le plus court chemin, à l'armée impériale. — Il ne pourra être rien distrait par elles de l'artillerie, des munitions de guerre ou de bouche, et approvisionnemens de tout genre de ces places, à l'exception des subsistances nécessaires pour la route jusqu'au-delà de la ligne de démarcation.

X I.

Des délégués seront respectivement nommés pour constater l'état des places dont il s'agit, mais sans que le retard qui serait apporté à cette mission puisse en entraver l'évacuation.

X I I.

Les levées extraordinaires ordonnées dans le Tyrol seront immédiatement licenciées, et les habitans renvoyés dans leurs foyers. L'ordre de l'exécution de ce licenciement ne pourra être retardé sous aucun prétexte.

XIII.

Le général en chef de l'armée du Rhin voulant, de son côté, donner à S. A. R. l'archiduc Charles une preuve non-équivoque des motifs qui l'ont déterminé à demander l'évacuation du Tyrol, déclare qu'à l'exception des forts de Kufstein, Sching et Finstermünz, il se bornera à voir dans le Tyrol les sauve-gardes ou gardes de police déterminées dans l'art. V, pour assurer les communications; il donnera en même tems à tous les habitans du Tyrol toutes les facilités qui sont en son pouvoir pour leur subsistance, et l'armée française ne s'immiscera en rien dans le gouvernement du pays.

XIV.

La portion de territoire de l'Empire et des états de S. M. l'Empereur, compris dans la ligne de démarcation, est mise sous la sauve-garde de l'armée française pour le maintien du respect des propriétés et des formes actuelles du gouvernement des peuples. Les habitans de ces pays ne seront point recherchés pour raison des services rendus à l'armée impériale, ni pour opinions politiques, ni pour avoir pris une part active à la guerre.

XV.

Au moyen des dispositions ci-dessus, il y aura entre l'armée gallo-batave, celle du Rhin, et l'armée impériale en Allemagne et de ses alliés dans l'Empire germanique une suspension d'armes et armistice qui ne pourra être moindre de trente jours. A l'expiration de ce délai, les hostilités ne pourront recommencer qu'après quinze jours d'avertissement, comptés de l'heure où la notification de rupture sera parvenue, et l'armistice sera prolongé indéfiniment jusqu'à cet avis de rupture.

X V I.

Aucun corps ni détachement, tant de l'armée du Rhin que de celle de S. M. I. en Allemagne, ne pourra être renvoyé aux armées respectives en Italie, tant qu'il n'y aura point d'armistice entre les armées françaises et impériales dans ce pays.

L'inexécution de cet article serait regardé comme une rupture immédiate de l'armistice.

Le général en chef de l'armée du Rhin fera parvenir le plus promptement possible la présente convention aux généraux en chef des armées gallo-batave des Grisons et d'Italie avec la pressante invitation, particulièrement au général en chef de l'armée d'Italie de conclure, de son côté, une suspension d'armes. Il fera donner en même tems toute facilité pour le passage des officiers ou couriers que S. A. R. l'archiduc Charles croira devoir envoyer, soit dans les places à évacuer dans le

Tyrol, et en général dans la ligne de démarcation, durant l'armistice.

Fait doublé à Steyer, le 25 décembre 1800.

Signé, *Le général de brigade* LAHORIE.

Le général-major comte de GRUNNE.

Le colonel WEIROTHER.

www.ingramcontent.com/pod-product-compliance
Lightning Source LLC
Chambersburg PA
CBHW070513100426
42743CB00010B/1824